JN217991

チオベンの弁当本

山本千織

KADOKAWA

まえがき

「今回はウケを狙ったり言い訳めいたコラムはなしで」と言い渡され、なにか文章にして発するのはこのまえがきだけとなってしまった（無念）。

ふだん、私は仕事として主に撮影の現場で食べてもらう弁当を作っている。そのおかずの数は10種類から15〜16種類になるときもある。
この本の弁当には3種類のおかずしか「入らない」。3種類だけ入れればいいのか♪というより、3種類で完結しなきゃならないのだ。
それは、「主役」「相手役」「脇役もしくはライバルもしくは通行人」みたいな、話でいうなら「起」「承」「転」までで、転んだまんまかよみたいな、とにかく10種類で完結させてる私にとってはしびれる状況である。

ただ、主役（メインのおかず）が魚か肉か、揚げてるのか煮てるのか、甘いのかすっぱいのか、で相手役（副菜）はそれを受けて揚げてなかったり、すっぱくしなかったりするし、もうひとつのおかずは「辛口だけどほんとはいい奴」だったり「あっさりした弟分」だったり「アジア系の留学生」だったりと、ストーリーにからませることでいくらでも面白くなりそう。

たまに「出戻りの姉（前の晩の残りもの）」なども加えてみたりして、3品ストーリーを日々の中で楽しんで作っていただければ、弁当冥利に尽きます。

chioben　山本千織

レシピのルール

● 小さじ1は5ml、大さじ1は15ml、1カップは200mlです。ひとつまみは、親指、人さし指、中指の3本の指先でつまんだ量です。

● 本書で使っているだし汁は、削りがつおと昆布でとる「一番だし」を指します。

● 加熱調理の火加減はガスコンロ使用を基準にしています。IH調理器などの場合は、調理器具の表示を参考にしてください。

● 電子レンジは600Wのものを基準にしています。500Wや700Wの場合は加熱時間を加減してください。

● 魚焼きグリルは両面焼きを基準にしています。片面焼きを使用する場合は加熱時間を調整してください。
● 塩は特に明記していない場合は、天然の塩を使っています。オリーブオイルはエキストラバージンオイルを使っています。

● 野菜や果物は特に表示がない限り、皮をむき、種やわたを除いたり、筋を取ったりしています。
● 保存できる料理は保存可能な日数を明記しています。この保存期間は、しっかり冷まし、清潔な容器に入れ、冷蔵保存した場合の日数です。

chiobenの
弁当を作る前に……

chioben（＝チオベン）って名前は聞いたことあるけど
見たことも食べたこともない。
すみません。基本的にお店での販売はしていないので、
そういう方も少なくないと思います。
まずは、chiobenとはどんな弁当なのか、
本書にはどんな弁当が登場するのか、
chiobenの味に一歩近づくコツをご紹介します。

1. かわいいけどガッツリ系！ ふだんのchioben

chiobenで毎日出している弁当では、最低でも10種類くらいのおかずを入れています。弁当というひとつの枠の中に絵を描くように、さまざまな色や形、質感の「部品」を入れていくようなイメージでおかずを詰めています。撮影現場で働く人たちが食べるロケ弁が多いので、見た目だけじゃなく味とボリュームの満足度にも配慮しています。

もちろんリクエストがあれば野菜中心の弁当も作りますが、基本的には肉や魚、もちろん揚げものも必ず入れるようにしています。ヘルシーよりオイリー、質のいい油は元気の源だと信じたい。

2. この本の弁当のおかずは3品！

メイン ＋ すぐできる ＋ 作り置き

本書では、毎日弁当を作る方が無理なく楽しく続けられるよう、おかずは3品に絞りました。「メイン」のおかず、「すぐできる」おかず、「作り置き」のおかず、の3品です。「メイン」はボリューム満点で手間がかかるものもありますが、「すぐできる」は混ぜるだけやあえるだけのシンプルで簡単なレシピです。妹とともに札幌でお店をやっていた時代の古文書のようなノートに書かれたレシピから、最近のchiobenでよく使うレシピまで、出し惜しみせずに全部載せています。chiobenの弁当を見て難しそうと思った方も、ぜひ挑戦して欲しいおかずの数々です。

3. ノーボーダー！
おかずに仕切りは作りません

chiobenの弁当は、アルミカップやホイルを使った"仕切り"は作りません。ひとつひとつのおかず同士、おかずとご飯が寄り添って、時に混ざり合ってひとつの弁当になっていきます。それは私がおかずの煮汁がしみしみになったご飯が大好きだからです。でも、仕切りがない代わりにいくつかの工夫をしています。

春巻やコロッケといったドライで仕上げるものの横には、おひたしなど水けのあるおかずを置かないこと。汁けに油を含んだものなら隣に置いても大丈夫、とか。また、詰める時も麺類など流れるおかずの横は、唐揚げなど固形のおかずでせき止める。そんなことをやっています。本書ではおかずが3品なので、弁当箱の形とおかずのバランスで必然的に位置が決まってくると思いますが、味のバランスと見た目、調理法を考えてノーボーダーの弁当に挑戦してみてください。

4. 水分を粘りに変え、素材をつなぐ「油」

当たり前かもしれませんが、弁当のおかずに汁ものは不向き。水分との戦いです。ソースやたれをつけるものや、時間が経って素材から水分が出るものは、素材の水けをよくきったり、なるべく水分を出さないようにしたいと思いながら煮詰めたり、ひと工夫しています。chiobenではソースとして片栗粉でとろみをつけることはほとんどありません。時間が経つと粘度が落ちるから弁当には不向き。その代わり、例えばえびとなすのココナッツ炒め（→P68）や白身魚の香味じょうゆ（→P112）などのように、片栗粉で衣をつけた揚げものを、調味した水分で煮るおかずはいろいろなバリエーションでよく作っています。油が水分と混ざり合うことで、粘りが出て素材同士をつなげてくれる役割を果たします。私が油をよく使うのは、このとろみが好きだからです。弁当に入れる時は汁けをきるのをお忘れなく。調味する際に、オリジナルの調味料、きのこペースト（→P126）やパプリカペースト（→P129）を使うのも同じです。油を含んだ水分のある調味料を合わせて使うと、水分が素材に定着してくれるんです。煮汁がしみたご飯が好きではありますが、その煮汁は水分ではありません。水分と油分が混じり合って粘りが出た結果なのです。

5. 敷く葉、仕切る葉、飾る葉

chiobenの弁当ではよく葉を使います。仕切りがなくおかず同士が寄り添っているので、春巻やコロッケなど揚げっぱなしのおかずの隣に水分のある煮ものがくる時などには仕切りとして葉を使います。下に敷く時には、丸くてかわいいわかめ菜やバナナの葉、おかずの間にはわさび菜を使うことも。ミントやセージ、フェンネルなど、見た目もかわいいし、味のアクセントにもなるハーブもよく使います。

飾り用の葉は形がかわいらしいものを。私はアトリエの庭に生えている、つる性の植物も好きで使っています。葉で季節感も出せるので、春になったらぜんまいやうるいなどの山菜が活躍したり。花や葉をちょっと足すだけで、弁当箱を開けた時にうれしくなる。その高揚感も大事にしています。

6. chioben流メニューの立て方

松風焼き弁当（→P16）

たこの薬味あえ弁当（→P56）

ふだんの弁当のメニューを決めるときは、"味"と"作業工程"から考えていきます。

まずはメイン。ポイントは3つ。「揚げるかどうか」「酢を使うかどうか」「砂糖を入れるかどうか」。この3つを検討して、副菜の内容を決めていきます。

例えば松風焼き弁当（→P16）の場合は、松風焼きは揚げていなくて酢も使っていないけれど、少し甘め。ゆえに副菜にはフリット（揚げ）、にんじんラペ（酢）を持ってくる。たこの薬味あえ弁当（→P56）の場合は、メインが揚げもので、酢、砂糖なし。ゆえに副菜でミニトマトのマリネ（酢、砂糖）を入れることとにしました。

作業工程もメニューを考えるうえで重要な要素です。調理には主に、揚げ、煮、炒め、オーブン焼き、蒸しという工程があります。ガスコンロの火口を占有してしまうものはどれか、オーブン焼きや蒸しの工程を入れれば火口と手があくので炒めものができるといった具合に、並行して進められる工程はどれかを常に考えてメニューを決めます。

本書では副菜に常備菜を使ったり、火を使わないレシピを多用しているので、そこまで工程は大きく影響しませんが、chiobenではふだんそうやって効率的にたくさんのおかずを作っています。作業工程から味を引き出したり、メニューを決めることも多いんじゃないかなと思います。

他には、蒸し料理だと必然的にあっさりした味になるから、他のおかずを強い味にする。煮詰めててりを出す場合は砂糖もしょうゆも多めなので、副菜はだしの味で仕上げる。そんな感じで、一緒に食べた時のバランスを考えながらメニューを組み立てました。

chioben 定番調味料

① ナンプラー
塩分とうまみが強いので、だし代わりになってくれます。

② 千鳥酢
まろやかさが他の酢とは違います。甘酢を作る時など多用しています。

③ トムヤムペースト
レモングラスやとうがらしを含んだ混合調味料。タイっぽい味を演出。

④ シーズニングソース
炒めものが一発でアジアの味になる。味が似るので多用は禁物。

⑤ 米油
米の香りがし、甘くて軽いので火を加えない時に使用します。

⑥ 藻塩
塩自体が甘くておいしいので、火を加えない時には必ず使います。

⑦ ビンダルーペースト
とうがらしとターメリック、クミン、酢などが入った混合スパイス。

⑧ スイートチリソース
南国っぽい味に仕上げたい時やソースに混ぜて使います。

⑨ トマトペースト
トマト独特の酸味と甘み、塩分を追加したい時に使います。

⑩ 腐乳
豆腐を塩水に漬け、麹で発酵させた調味料。中華食材店で購入可。

⑪ ピーナッツバター
粘度とコクが加わり面白い味に。チャンクで無糖、無塩のものを。

⑫ パームシュガー
粘度が高くてコクがあり、黒糖のようなうまみと甘さがあります。

chioben定番スパイス&ハーブ

① レモングラス

香りがいいので生のものを。アジア食材店で手に入る。冷凍保存可。

② ナツメグ

甘い香りとほろ苦い味のスパイスで、肉料理全般によく使います。

③ エルブ・ド・プロバンス

ローズマリー、タイム、セージなどが入った混合スパイス。

④ カルダモン

さわやかで強い香りを持ち、スパイシーな肉料理などに合います。

⑤ 花椒（ホアジャオ）

さわやかな香りと、舌がしびれるような刺激が特徴。

⑥ クローブ

丁子ともいう。甘い香りが特徴で、煮込みやグリル料理などで使用。

⑦ シナモン

独特の甘みがあり、煮込み料理などに使用。パウダーやスティックも。

⑧ クミンシード

chiobenで最もよく使うエスニックスパイス。パウダーもあります。

⑨ カイエンヌペッパー

赤とうがらしの実を乾燥させたスパイス。ピリッとした刺激。

⑩ コリアンダー

さわやかな独特な香りでクミンとよく合わせる。シードもあります。

⑪ バイマックルー

タイ料理に必須のこぶみかんの葉。アジア食材店で購入可。冷凍可。

春 SPRING

松風焼き弁当

chiobenの定番、材料を混ぜて焼くだけで簡単満足。

メイン
松風焼き

ほんの少しの玉ねぎで、じゅわっとジューシーに。

材料（2人分・500mlの耐熱容器1個分）

鶏ひき肉　250g
溶き卵　½個分
玉ねぎのすりおろし（汁ごと使用）
　　　50g（小½個分）
しょうゆ　大さじ1
酒　大さじ1
みりん　大さじ1
片栗粉　大さじ¾
塩　小さじ½弱
砂糖　小さじ½弱

作り方

1　鶏ひき肉をボウルに入れて粘りが出るまで練る。その他の材料をすべて加え、全体がなじむまでしっかり混ぜる。
2　耐熱容器にオーブンペーパーを敷いて、1を流し入れる。オーブンを170℃に予熱する。
3　オーブンに2の耐熱容器を入れて約40分焼く。取り出して粗熱をとり、オーブンペーパーをはずし、食べやすい大きさに切り分ける。

すぐできる
いんげんとアボカドのフリット

サクサク衣の秘策はビールをほんの少し。

材料（2人分）

さやいんげん　3本
アボカド　¼個
衣
　　ビール　40ml
　　小麦粉　25g
　　塩　少々
揚げ油　適量

作り方

1　いんげんは3cm長さに、アボカドは2cm角に切る。
2　ボウルに衣の小麦粉と塩を入れ、さっと混ぜたらビールを加えて混ぜる。1を入れてさっとからめる。
3　揚げ油を中温（170℃）に熱し、2を⅙量ずつスプーンですくって入れる。まわりが固まったら中心に菜箸を刺し、中まで火が通るようにする。カラリと色づいたら取り出し、油をきる。

作り置き　にんじんラペ　（P40）

メイン

作り置き

すぐできる

タイ風鶏唐弁当

甘辛のメインと酸味のきいた副菜で三角食べが止まらない！

メイン

タイ風鶏唐揚げ

バイマックルーとレモングラスで、思わず「アロイ（おいしい）！」。

材料（2人分）

鶏もも肉（皮なし）　1枚（200g）
バイマックルー　3枚
レモングラス　1本
しょうが　1かけ
合わせ調味料
　ナンプラー　大さじ1
　酒　大さじ1
　砂糖　大さじ½
　オイスターソース　大さじ½
　しょうゆ　大さじ¼
揚げ油　適量
片栗粉　適量

作り方

1　バイマックルーはせん切りに、レモングラスとしょうがは粗みじん切りにする。鶏肉は繊維に沿って4等分に細長く切り、長さを半分に切る。

2　合わせ調味料をバットに入れて混ぜ、**1**を加えてからめる。ラップをかけて冷蔵室で一晩漬け込む。

3　揚げ油を高温（180℃）に熱する。**2**の汁を軽くきって片栗粉をしっかりまぶし、揚げ油に入れる。時々返しながら約3分揚げ、取り出して油をきる。

すぐできる

スナップえんどうのバンバンジーソースあえ

サワークリームの酸味が箸休めにちょうどいい。

材料（2人分）

スナップえんどう　12本
あえ衣
　バンバンジーソース（→P128）　25g
　サワークリーム　10g
　白ワインビネガー　小さじ1

作り方

1　スナップえんどうは熱湯で約2分ゆでて取り出す。2本はさやから豆だけ取り出す（除いたさやは刻んで別の料理に使っても）。

2　あえ衣の材料をボウルに入れて混ぜる。**1**を加えてあえる。

作り置き

長いものグリル　P41

メイン

作り置き

すぐできる

黒酢鶏のマントウ弁当

黒酢鶏の汁がしみた部分がうまい！ 他のおかずを一緒に挟んでも。

メイン

黒酢鶏のマントウ

甘ずっぱい黒酢の煮汁が食欲を増進。

材料（2個分）

鶏もも肉（皮なし）　2枚（400g）
ごぼう　5cm
サニーレタス　2枚
マントウ（市販）　2個
煮汁
　にんにく　2片
　黒酢　½カップ
　砂糖　100g
　酢　¼カップ
　しょうゆ　大さじ2弱
揚げ油　適量

作り方

1　鶏肉は一口大に切って厚手の鍋に入れる。煮汁の材料を加えて中火にかけ、煮立ったらごく弱火にしてふたをし、45〜60分煮る（時々煮汁の量を確かめながら煮ること）。ごぼうは四つ割りにする。揚げ油を中温（170℃）に熱してごぼうを入れて素揚げし、鶏肉の煮汁にさっとからめる。

2　マントウを電子レンジか蒸し器などで温め、厚みの半分に切り目を入れ、サニーレタスを挟む。1の鶏肉の汁けをきり、ごぼうとともに挟み、食べやすく切る。

すぐできる

チンゲンサイのナンプラー炒め

決め手はアジアン調味料。炒めるだけの簡単おかず。

材料（2人分）

ミニチンゲンサイ　3株
米油　大さじ1
シーズニングソース　小さじ¼
ナンプラー　小さじ¼

作り方

1　チンゲンサイは縦半分に切る。

2　フライパンに米油を中火で熱し、1の切り口を下にして焼きつける。焼き色がついたら上下を返し、同様にこんがりと焼いて火を止める。シーズニングソースとナンプラーを加えて、さっとからめる。

作り置き　ペコロスのパプリカペースト　（P41）

> シーズニングソースとナンプラーは火を止めてから加えると香りが立ちます。

メイン

すぐできる

作り置き

04 ロービーフ弁当

実山椒をきかせた、ご飯に合う簡単ローストビーフです。

メイン ## ローストビーフ

オーブンは必要ありません。フライパンだけで簡単に。

材料（2人分）

牛ランプかたまり肉　130g
　　下味（塩、こしょう各少々）
オリーブオイル　大さじ1
実山椒ソース（→P127）　大さじ1

作り方

1　牛肉は室温に約30分おいて戻し、下味をまぶし、約5分おいてなじませる。
2　フライパンにオリーブオイルを強めの中火で熱し、**1**を入れて焼く。すべての面にこんがりと焼き色がつくよう、トングなどで押しつけながら全体を5～6分焼いて取り出す。
3　アルミホイルを広げ、**2**を包み、約10分おいて余熱で火を通す。薄いそぎ切りにし、実山椒ソースをかける。

すぐできる ## 半熟卵のラー油マヨネーズ

卵のやさしい味に、ラー油がピリリときく。

材料（2人分）

卵　2個
ラー油マヨネーズ
　　マヨネーズ　大さじ1
　　ラー油　小さじ2½
　　しょうゆ　小さじ⅔
黒いりごま　少々

作り方

1　熱湯に卵を入れて約5分ゆでて取り出し、半熟ゆで卵を作る。
2　ラー油マヨネーズの材料を混ぜ合わせる。**1**を横半分に切って、黄身の部分にラー油マヨネーズをかけ、ごまをふる。

> ゆるい半熟卵の場合は、黄身とラー油マヨネーズを軽く混ぜてもおいしい。

作り置き ## アスパラガスの焼きびたし　P40

すぐできる

メイン

作り置き

鶏とカリフラワーの黒こしょう炒め弁当

甘辛い味にピリッとスパイス、このバランスがたまらない。

メイン

鶏とカリフラワーの黒こしょう炒め

粗びきの黒こしょうは、たっぷりがおいしい。

材料（2人分）

鶏もも肉（皮なし）　1枚（200g）
カリフラワー　小⅓個（150g）
米油　大さじ1
合わせ調味料
　オイスターソース　大さじ1½
　紹興酒　大さじ1
　みりん　大さじ1
　砂糖　小さじ1
　しょうゆ　小さじ1
粗びき黒こしょう　大さじ1

作り方

1　カリフラワーは小房に分ける。鶏肉は厚い部分に切り目を入れて開き、厚みを均一にし、4等分に切る。

2　フライパンに米油を中火で熱し、カリフラワーを入れて炒め、やわらかくなったらいったん取り出す。

3　続けて鶏肉を入れ、両面こんがりと焼く。完全に火が入ったら、合わせ調味料を加えて炒め合わせ、火を止める。カリフラワーを戻し入れてこしょうをふり、さっと混ぜる。

すぐできる

ほうれんそうのしらすあえ

たらりと数滴で、そこはアジア。やっぱりナンプラーが好き。

材料（2人分）

ほうれんそう　½わ
釜揚げしらす　35g
ナンプラー　小さじ¼

作り方

1　ほうれんそうは熱湯でさっとゆで、冷水にさらす。3cm長さに切って水けを絞り、ボウルに入れる。

2　しらすとナンプラーを加え、あえる。

作り置き

かぼちゃとプルーンのサラダ　P42

作り置き

すぐできる

メイン

ぶりのココナッツ煮込み弁当

南国風味のぶりの煮もの!? 食べたことのないおいしさ。

メイン ## ぶりのココナッツ煮込み

こっくり濃厚な味の決め手は、ココナッツミルク。

材料（2人分）

ぶりの切り身　2切れ（180g）
ココナッツミルク　½カップ
煮汁
　　しょうがの細切り　½かけ分
　　焼酎　½カップ
　　砂糖　大さじ2½
　　しょうゆ　大さじ1½
　　水　¼カップ

作り方

<u>1</u>　ぶりは半分に切る。熱湯でさっとゆでて取り出し、冷水にとる。皮目を指でやさしくこすってウロコを落とす。

<u>2</u>　小鍋に煮汁の材料と**1**を入れ、強めの中火にかける。煮立ったらアクを除いて落としぶたをし、約15分煮る。ココナッツミルクを加えてさらに約5分煮る。

すぐできる ## わけぎとえのきのあえもの

わけぎは湯にくぐらせると、甘みが増しておいしい副菜に。

材料（2人分）

わけぎ　4本
えのきたけ　½袋
合わせ調味料
　　米油　小さじ1
　　しょうゆ　小さじ½
　　柚子こしょう　小さじ⅛
　　塩　少々

作り方

<u>1</u>　わけぎは熱湯でさっとゆでてざるにあけ、冷水にさらし、3cm長さに切る。えのきたけは長さを半分に切って、熱湯でさっとゆで、ざるにあけて冷水にさらす。

<u>2</u>　**1**の水けをしっかり絞り、ボウルに入れて混ぜる。合わせ調味料を加えてあえる。

作り置き ## 芽キャベツの海老醤味噌　（P43）

メイン

すぐできる

作り置き

07 豚とアスパラの
ロールフライ弁当

衣の中にうまみを閉じ込めた、冷めてもおいしいフライ弁。

メイン ## 豚とアスパラのロールフライ

フライなのに意外とさわやか！ その秘密は実山椒とえごま。

材料（2人分）

豚ロース薄切り肉　10枚（200g）
　　下味（塩、こしょう各少々）
アスパラガス　2本
えごまの葉　4枚
実山椒ソース（→P127）　小さじ2
衣
　　小麦粉　適量
　　溶き卵　1個分
　　パン粉（あれば細びきのもの）　適量
揚げ油　適量

作り方

1　アスパラガスは下の部分のかたい皮を皮むき器でむく。

2　豚肉5枚を少しずつ重ねながら、縦10cm×横20cmになるよう広げる。下味をふって、えごま2枚を広げて重ね、実山椒ソースの半量を塗る。アスパラガス1本を横に置いて、手前からくるくると巻き、手で握って全体をなじませる。衣を小麦粉、溶き卵、パン粉の順につける。同様にしてもう1本作る。

3　フライパンに揚げ油を入れて高温（180℃）に熱し、**2**を入れたら中温（170℃）にする。時々上下を返しながら、衣がきつね色になるまで揚げ、取り出して油をきる。食べやすい長さに切る。

すぐできる ## スティックセニョールのからしあえ

和がらしのピリッと感は箸休めにぴったり。

材料（2人分）

スティックセニョール　6本
からし（粉末）　小さじ½
しょうゆ　大さじ3

作り方

1　スティックセニョールは熱湯で1～2分、やわらかめにゆでて取り出す。

2　ボウルにからしとしょうゆを入れて混ぜ、**1**を加えてさっとあえる。

作り置き ## かぼちゃとプルーンのサラダ　P42

作り置き

メイン

すぐできる

かじきまぐろの
てりたれ山椒焼き弁当

バターと山椒の香りだけで、おにぎりが食べられそう。

メイン ## かじきまぐろのてりたれ山椒焼き

甘みのある万能てりたれが、バターと一緒にからみつく。

材料（2人分）

かじきまぐろの切り身　2切れ（200g）
　　下味（塩、こしょう各少々）
小麦粉　適量
米油　大さじ1
てりたれ（→P127）　大さじ2
バター　小さじ1½
粉山椒　少々

作り方

1　かじきまぐろは3等分に切り、下味をふり、小麦粉を薄くまぶす。
2　フライパンに米油を中火で熱し、**1**を入れて焼く。7割方火が通ったら上下を返し、てりたれを加えてからめる。仕上げにバターと粉山椒を加え、さっとからめる。

すぐできる ## 桜ととろろ昆布のおにぎり

見た目も華やかに、ほんのり香る春の味。

材料（2人分）

桜の塩漬け　5本
温かいご飯　340g（1合分）
藻塩　小さじ¼
とろろ昆布　適量

作り方

1　桜の塩漬けは水にさらして塩抜きする。水けを絞って粗く刻む。
2　ボウルにご飯を入れ、**1**、藻塩を加えて混ぜる。4等分にして丸く握り、2つにはとろろ昆布をまわりにつける。

作り置き ## 水菜の煮びたし　P42

作り置き

すぐできる

メイン

えびの変わりマヨあえ弁当

甘くてすっぱくてピリッとする、ミラクルソースで箸がすすむ。

メイン

えびの変わりマヨあえ

ポイントはソースの粘度。とろっと仕上げてからませる。

> あえ衣は加熱して
> 水分をとばし
> とろみをつけるとえびとの
> からみがよい。

材料（2人分）

えび　大8尾
片栗粉　適量
揚げ油　適量
あえ衣
　　マヨネーズ　小さじ5
　　トマトケチャップ　大さじ1
　　生クリーム　小さじ2
　　スイートチリソース　小さじ1
　　コンデンスミルク　小さじ1

作り方

1　えびは尾を除いて殻をむき、背に浅く切り目を入れて背わたを除く。片栗粉をふって水洗いし、臭みを除き、ペーパータオルで水けを拭く。

2　フライパンに揚げ油を入れ、低温（160℃）に熱する。**1**に片栗粉を薄くまぶし、揚げ油に入れて1〜2分カラリと揚げる。取り出して油をきり、フライパンの揚げ油もオイルポットなどに移す。

3　フライパンが熱いうちにあえ衣の材料を入れて混ぜ、えびを戻し入れてあえる。

すぐできる

にんにくの芽の香味あえ

かわいい見た目とは裏腹に、ご飯のお供としても大満足。

材料（2人分）

にんにくの芽（つぼみつき）　4本
香味だれ
　　ケッパー　5g
　　黒オリーブ（種なし）　3粒
　　長ねぎのみじん切り　25g（¼本分）
　　しょうゆ　大さじ1
　　ごま油　大さじ½

作り方

1　にんにくの芽は長さを半分に切る。熱湯でさっとゆでて冷水にさらす。

2　香味だれのケッパーと黒オリーブはみじん切りにして、ボウルに入れる。その他の材料も加えて混ぜ、**1**を加えてあえる。

> つぼみつきがなければ、
> 普通のにんにくの芽で
> 作っても大丈夫。

作り置き

芽キャベツの海老醤味噌 （P43）

作り置き

メイン

すぐできる

メイン

すぐできる

作り置き

わかめと桜えびの
お好み焼きサンド弁当

目をつぶって食べてみて！脳内えびフライの出来上がり。

メイン ## わかめと桜えびのお好み焼きサンド

食べたことないのに、なんだか懐かしい味。

材料（2人分）

桜えび（乾燥）　10g
わかめ（生、またはもどしたもの）　30g
お好み焼きの生地
　　溶き卵　½個分
　　山いものすりおろし　30g
　　だし汁　65ml
　　小麦粉　60g
　　塩　少々
青海苔　大さじ1
しょうがのみじん切り　1かけ分
にらの小口切り　5本分
食パン
　　小8枚（または普通サイズの食パン2枚）
サラダ油　適量
キャベツのせん切り　1枚分
マヨネーズ　小さじ1
中濃ソース　適量

作り方

1　お好み焼きの生地の材料を混ぜ合わせる。わかめは粗く刻み、桜えび、青海苔、しょうが、にらとともに生地に加え、さっくりと混ぜる。

2　フライパンに油を中火で熱し、**1**を¼量ずつ、直径10cmに広げる。こんがりと焼いたら上下を返して同様に焼き、竹串を刺してみて生地がつかなくなるまで焼いて取り出す。

3　食パン半量にキャベツのせん切りを等分に置き、マヨネーズを絞る。**2**を置いて中濃ソースをかけ、残りの食パンで挟み、食べやすい大きさに切り分ける。

すぐできる ## かぶの即席あえ

あえるだけでこんなにうまい。かぶの葉がアクセントです。

材料（2人分）

かぶ　1個
かぶの葉　適量
塩　小さじ¼
オリーブオイル　小さじ½

作り方

1　かぶは食べやすい大きさのくし形に切る。かぶの葉は粗みじん切りにする。

2　かぶに塩をふってなじませ、出てきた水けをきる。オリーブオイル、かぶの葉を加え、ざっと混ぜる。

作り置き にんじんラペ　P40

揚げいかの春菊がらめ弁当

ピリッと辛いいかと、春菊が絶妙な相性。

メイン 揚げいかの春菊がらめ

しゃっきり春菊の秘密は、いかの余熱がポイント。

材料（2人分）

いかの胴の部分（刺し身用）　2杯分
春菊　2株
あえ衣
　オリーブオイル　大さじ2
　コチュジャン　大さじ1
　シェリービネガー
　（または白ワインビネガー）　小さじ1
揚げ油　適量
片栗粉　適量

作り方

1　いかは1cm幅の輪切りにする。春菊は葉を摘む。あえ衣の材料をボウルに入れて混ぜる。

2　揚げ油を高温（180℃）に熱する。いかに片栗粉を薄くまぶし、揚げ油に入れて衣が色づくまで揚げる。取り出して油をきる。

3　あえ衣のボウルに**2**を入れ、熱いうちに春菊を加えてあえる。

すぐできる かまぼこと黄にらの湯葉衣あえ

ねっとりおいしい一品。ご飯のお供にも最適。

材料（2人分）

かまぼこ（白）　¼本
黄にら　⅓わ
湯葉衣
　くみ上げ湯葉　30g
　米油　小さじ1
　薄口しょうゆ　小さじ½
　藻塩　少々

作り方

1　黄にらは熱湯でさっとゆで、冷水にさらす。水けを絞って4cm長さに切る。かまぼこはごく薄いそぎ切りにする。

2　湯葉衣の材料をボウルに入れ、フォークなどでかたまりを潰しながら混ぜ、クリーム状にする。

3　**2**のボウルに**1**を加えてあえる。

作り置き 長いものグリル （P41）

メイン

すぐできる

作り置き

白身魚のラープ丼弁当

さわやかさとこうばしさ、魚のうまみが口中で混ざる。

メイン ## 白身魚のラープ

単品でもおいしい、ご飯と混ぜたらさらに美味。

材料（2人分）

鯛の切り身　大1切れ（100g）
紫玉ねぎ　小1個
パクチー　1株
ペパーミント　1袋（4g）
米　大さじ3
合わせ調味料
　ナンプラー　小さじ2
　レモン汁　小さじ1

作り方

1　紫玉ねぎは縦半分に切って縦薄切りにし、水にさらす。パクチーは粗みじん切りにする。ペパーミントは葉を摘む。鯛はラップで包み、電子レンジで約2分加熱し、そのままおいて余熱で火を通す。

2　フライパンに米を入れ、中火にかける。しっかり混ぜながら全体がきつね色になるまで炒って取り出す。すり鉢に入れて粉状にする（またはフードプロセッサーにかけて攪拌する）。

3　1の鯛を細かくほぐしてボウルに入れる。2を加えて混ぜ、合わせ調味料を加えて混ぜる。紫玉ねぎの水けをきって、ペパーミント、パクチーとともに加えて混ぜる。

すぐできる ## 紫カリフラワーの腐乳あえ

腐乳の発酵臭は、クセになるおいしさ。

材料（2人分）

紫カリフラワー　¼個
腐乳ソース
　腐乳　小さじ1
　しょうゆ　小さじ½

作り方

1　紫カリフラワーは小房に分ける。熱湯でさっとゆでて取り出す。

2　腐乳ソースの材料をボウルに入れて混ぜ、1の水けをしっかりきって加え、あえる。

作り置き ## たけのこココナッツ煮　P43

作り置き

すぐできる

メイン

春の作り置き

△

△

にんじん ラペ

やさしい甘みのパームシュガーで、
彩り豊かな一品。

材料（作りやすい分量）

にんじん（黄色、紫なども含めて）　150g
塩　小さじ½
パームシュガー　大さじ1
白ワインビネガー　大さじ3

作り方

1　にんじんはせん切りにしてボウルに入れ、塩を
　　ふってもむ。約10分おいて水けを絞る。
2　小さめのボウルにパームシュガーと白ワインビ
　　ネガーを入れ、しっかり混ぜ合わせる。1のボ
　　ウルに加えて混ぜ、なじませる。

約5日間 保存可能

アスパラガスの 焼きびたし

魚焼きグリルでこうばしく、
アスパラの風味を閉じ込める。

材料（作りやすい分量）

アスパラガス　4本
漬け汁
　だし汁　¾カップ
　しょうゆ　大さじ1
　みりん　大さじ1

作り方

1　アスパラガスは下の部分のかたい皮は皮むき
　　器でむく。魚焼きグリルに入れ、中火でやわ
　　らかくなるまで焼いて取り出す。
2　漬け汁の材料を小鍋に入れて中火にかける。
　　ひと煮立ちさせ、耐熱のバットに入れる。1を
　　加え、そのまま冷めるまで2時間以上おいて
　　なじませる。

約3日間 保存可能

△

△

ペコロスの
パプリカペースト

皮つきのまま真っ黒に焼いて、
ペコロスの甘みを引き出す。

材料（作りやすい分量）

ペコロス　6個
パプリカペースト（→P129）　大さじ1強

作り方

1　オーブンを230℃に予熱する。ペコロスは皮
　　つきのまま天板に並べてオーブンに入れ、約
　　20分、まわりが真っ黒になるまで焼く。
2　オーブンから取り出し、粗熱がとれたら皮をむ
　　く。縦半分に切ってボウルに入れ、パプリ
　　カペーストを加えてあえる。

約4日間 保存可能

長いもの
グリル

焼いてからひたすので、
こうばしく、味もしみ込む。

材料（作りやすい分量）

長いも　5cm
A　だし汁　½カップ
　　白だし（市販）　大さじ2
　　酢　小さじ2
　　砂糖　小さじ2

作り方

1　長いもは1cm厚さの輪切りにする。魚焼きグ
　　リルに入れて中火で約5分、両面をこんがり
　　と焼く。
2　小鍋にAを入れて中火にかけ、煮立ったら**1**
　　を加えて火を止める。そのままおいて冷ます。

約3日間 保存可能

△

△

かぼちゃと
プルーンのサラダ

揚げてからマッシュするのが、
コクを出すポイントです。

材料（作りやすい分量）

かぼちゃ　150g
ドライプルーン　4粒
揚げ油　適量
A　パプリカペースト（→P129）　大さじ3
　　サワークリーム　大さじ1½
　　クミンパウダー　小さじ1

作り方

1　かぼちゃは一口大に切る。プルーンは粗く刻む。
2　揚げ油を高温（180℃）に熱し、かぼちゃを入れたら低温（160℃）にする。途中返しながら、竹串を刺してみてすーっと通るまで揚げ、取り出して油をきる。
3　2をボウルに入れてフォークなどで潰し、プルーンを加える。Aを加え、混ぜ合わせる。

約5日間 保存可能

水菜の
煮びたし

さっと煮るだけの簡単総菜。
だし汁は濃いめが合います。

材料（作りやすい分量）

水菜　½わ
A　だし汁　1カップ
　　しょうゆ　大さじ1
　　みりん　大さじ1

作り方

1　水菜は5cm長さに切る。
2　Aを小鍋に入れて中火にかけ、煮立てる。1を入れてさっと煮る。そのままおいて冷ます。

約3日間 保存可能

たけのこ
ココナッツ煮

どこの国にもない味を出す、
アジアン調味料の多国籍軍。

材料（作りやすい分量）

ゆでたけのこ　小2本（180g）
サラダ油　大さじ1
砂糖　大さじ½
ココナッツミルク　¼カップ
ビンダルーペースト　小さじ½
ピーナッツバター　大さじ1
ナンプラー　大さじ½

作り方

1　たけのこは穂先は縦半分に切って縦5mm幅に、根元は食べやすい大きさの半月切りにする。
2　フライパンに油を入れて中火で熱し、**1**を入れて炒める。全体に油がまわったら、砂糖とココナッツミルクを加えてからめる。全体がなじんだら水½カップを加えて煮立て、ビンダルーペースト、ピーナッツバターを加えて煮る。全体にとろみがついたらナンプラーを加えて炒め煮にする。

約5日間 保存可能

芽キャベツの
海老醤味噌

素揚げした芽キャベツに、
海老醤味噌がよくからむ。

材料（作りやすい分量）

芽キャベツ　10個
揚げ油　適量
A　海老醤（→P128）　大さじ1
　　味噌　小さじ1
　　ごま油　小さじ½

作り方

1　芽キャベツは芯の部分に十字に切り目を入れる。
2　揚げ油を低温（160℃）に熱し、**1**を入れる。こんがりと揚げ色がつくまで揚げ、取り出して油をきる。焦げた外葉を除き、Aを加えてあえる。

約5日間 保存可能

夏  SUMMER

13

鶏のスイートスパイス煮弁当

隠し味だらけの絶妙なハーモニー。

鶏のスイートスパイス煮

ほろほろと口の中でとろけるコツは弱火でじっくりと。

材 料（2人分）

鶏もも肉（皮なし）　大1枚（230g）
漬け汁
　プレーンヨーグルト　¼カップ
　おろしにんにく　大さじ½
　しょうがの薄切り　½かけ分
　酒　¼カップ
　砂糖　大さじ1
　ウスターソース　大さじ1
　しょうゆ　大さじ1
　カレー粉　大さじ½
　酢　大さじ½

作り方

1　鶏肉は6等分に切る。漬け汁の材料をボウルに混ぜ合わせ、鶏肉を加える。ぴったりとラップをかけ、冷蔵室に一晩おく。

2　**1**を漬け汁ごと小さめの厚手の鍋に入れ、弱火にかける。汁けが少なくなるまで約45分煮る（時々煮汁の量を確かめながら煮ること）。

いんげんのきのこあえ

きのこペーストはそのままご飯のおかずにも。

材 料（2人分）

さやいんげん　1袋（100g）
揚げ油　適量
きのこペースト（→P126）　大さじ1

作り方

1　いんげんは長さを半分に切る。

2　揚げ油を低温（160℃）に熱し、**1**を入れて素揚げする。しんなりとしたら取り出し、油をきる。ボウルに入れて、きのこペーストを加えてあえる。

ゴーヤーのナムル　（P72）

メイン

すぐできる

作り置き

14

きゅうりの肉詰め煮弁当

さっぱり夏野菜をいろんな味でいただきます。

メイン

きゅうりの肉詰め煮

火を入れて味がしみたきゅうりが絶品。

> 重しをして水分を出すと、味がしっかり浸透します！

材料（2人分）

きゅうり　3本
塩　小さじ½
肉だね
　合いびき肉　80g
　おろししょうが　大さじ1
　しょうゆ　小さじ1
　片栗粉　小さじ1
煮汁
　だし汁　500ml
　紹興酒　100ml
　ごま油　大さじ1
　しょうゆ　大さじ½
　ナンプラー　大さじ½
　豆板醤　小さじ½

作り方

1 きゅうりは長さを半分に切る。縦に1本深く切り込みを入れる。塩をふって重しをのせ、一晩おいて、水けをしっかり絞る。

2 肉だねの材料をボウルに入れ、白っぽくなるまで練り混ぜる。**1**の切れ込みに等分に挟む。

3 厚手の鍋に煮汁の材料を入れて中火にかけ、煮立ったら**2**を入れて弱火にし、約30分煮る。

すぐできる

枝豆の腐乳白あえ

こうばしい発酵臭がたまらない、ご飯がすすむ一品。

材料（2人分）

枝豆（さやを除いたもの）　10g
木綿豆腐　40g
塩　適量
腐乳　5g
米油　小さじ¼

作り方

1 鍋に湯を沸かし、塩を加え、豆腐を約5分ゆでて取り出す。

2 枝豆を別の鍋に入れて約4分ゆで、ざるにあける。

3 ボウルに**1**、**2**を入れ、腐乳、米油を加えて、豆腐を潰しながらあえる。

作り置き

蒸しなすねぎソース　P70

メイン

すぐできる

作り置き

15

豚とピーマンの
しょうが炒め弁当

シンプルな炒めものは忙しい朝の味方です。

メイン ## 豚とピーマンのしょうが炒め

しょうがとナンプラーのうれしい出会い。

材料（2人分）

豚こま切れ肉　180g
ピーマン　小3個（100g）
合わせ調味料
　　しょうがの搾り汁　大さじ1
　　酒　大さじ1
　　しょうゆ　小さじ½
米油　大さじ1＋大さじ½
粗びき黒こしょう　少々
ナンプラー　小さじ½
しょうゆ　小さじ½

作り方

1. ピーマンは縦半分に切って、縦1cm幅に切る。
2. ボウルに豚肉と合わせ調味料を入れ、もみ込む。
3. フライパンに米油大さじ1、**2**を入れて強火にかけて炒める。肉に火が通ったらざるにあけて油をきる。

4. フライパンをペーパータオルで拭き、米油大さじ½を中火で熱し、ピーマンを炒める。しんなりしたら**3**を戻し入れる。こしょう、ナンプラー、しょうゆを加えて炒め合わせる。

> 炒めた豚肉の油をきっておくと、時間が経ってもおいしい。

すぐできる ## 海老醤ふわ卵

ふんわり食感の決め手は混ぜ方にあり。

材料（2人分）

卵　2個
海老醤（→P128）　大さじ1
しょうゆ　大さじ1
ごま油　大さじ1

作り方

1. ボウルに卵を割り入れ、海老醤としょうゆを加えて、よく混ぜる。
2. フライパンにごま油を入れて強火で熱し、**1**を流し入れる。固まり始めたら全体を切るように箸で手早く混ぜ、フライパンを手前に傾けてまとめ、途中2～3回上下を返して表面を焼き固める。取り出して食べやすく切る。

作り置き ## なすのバジル味噌炒め （P72）

メイン

作り置き

すぐできる

すぐできる

作り置き

メイン

豚とかぼちゃの揚げ甘酢弁当

旬の夏野菜を多彩な調理法でいただきます。

メイン

豚とかぼちゃの揚げ甘酢

豚はカリッと、かぼちゃはほっくり。

> 豚肉は
> カサカサになるまで
> しっかり揚げましょう。

材料(2人分)

豚バラ薄切り肉　100g
片栗粉　適量
かぼちゃ　100g
揚げ油　適量
甘酢ソース（→P129）　大さじ4

作り方

1　かぼちゃは薄い一口大に切る。豚肉は長さを半分に切って、片栗粉を薄くまぶす。

2　揚げ油を低温（160℃）に熱し、かぼちゃを入れて素揚げする。竹串を刺してみてすーっと通るようになったら、取り出して油をきる。

3　続けて揚げ油を高温（180℃）に上げ、豚肉を入れて揚げる。菜箸で触ったときにカサッとするまでしっかり揚げ、取り出して油をきる。

4　2と3をボウルに入れ、甘酢ソースを加えてさっとあえる。

すぐできる

焼きズッキーニのパプリカあえ

焼いてしんなりしたズッキーニに甘いパプリカがよく合う。

材料(2人分)

ズッキーニ　½本
合わせ調味料
　パプリカペースト（→P129）
　　大さじ½
　生クリーム　大さじ½

作り方

1　ズッキーニは1cm厚さの輪切りにする。魚焼きグリルで、表面がこんがりするまで中火で3〜4分焼く。取り出してボウルに入れる。

2　1のボウルに合わせ調味料を加え、よくあえる。

作り置き　えのきとセロリの梅あえ　P73

牡蠣とみょうがのコロッケ弁当

みんな大好きなコロッケを大人向けにアレンジ。

牡蠣とみょうがのコロッケ

牡蠣のコクとみょうがのクセが妙に合う。

材料（6個分）

牡蠣の燻製オイル漬け　2缶（140g）
みょうが　小6個
じゃがいも　小2個（140g）
塩　少々
粗びき黒こしょう　少々
衣
　　小麦粉　適量
　　溶き卵　1個分
　　パン粉　適量
揚げ油　適量

作り方

1　じゃがいもは食べやすい大きさに切る。鍋にかぶるくらいの水とともに入れて中火にかける。竹串を刺してみてすーっと通るようになったら、火を止めて湯を捨てる。鍋を弱火にかけて揺らし、粉ふきいもにする。熱いうちにマッシャーなどで潰す。

2　みょうがは縦半分に切って、斜め薄切りにする。牡蠣は汁をきって、粗く刻む。

3　**1**と**2**、塩、こしょうをボウルに入れて混ぜ合わせ、6等分の平たい丸形に成形する。衣を小麦粉、溶き卵、パン粉の順に全体にまぶす。

4　揚げ油を高温（180℃）に熱し、**3**を入れ、衣がきつね色になるまで揚げる。

空心菜とくるみの炒めもの

とろっと炒めるのがチオベン流。

材料（2人分）

空心菜　100g
くるみ　大4粒
米油　大さじ1
にんにくのみじん切り　1片分
A　ナンプラー　小さじ½
　　シーズニングソース　小さじ½
　　粗びき黒こしょう　少々

作り方

1　空心菜は5cm長さに切る。くるみは粗く刻む。

2　フライパンに米油、にんにくを入れて弱火で熱し、香りが立ったらくるみ、空心菜を加えて炒める。

3　Aを加え、炒め合わせる。

水分をとばさないように炒めると、とろっと仕上がります。

切り干し煮干し　P73

すぐできる

作り置き

メイン

18

たこの薬味あえ弁当

疲労回復にもいい！ 夏本番にたこを食す。

メイン　## たこの薬味あえ

和のハーブの香りと魅力を総動員。

> 高温につき、油ハネに注意！
> たこの水分をよく拭き取って。

材料（2人分）

生だこ　100g
塩　適量
みょうが　1個
しょうが　⅓かけ（5g）
青じそ　2枚
片栗粉　適量
揚げ油　適量
A　とろろ昆布　2g
　　塩　小さじ½弱
　　七味とうがらし　少々

作り方

1　みょうがは縦半分に切って斜め薄切りに、しょうがはみじん切りにする。青じそは手で粗くちぎる。

2　たこは塩をよくもみ込む。鍋に湯を沸かし、たこをさっと湯にくぐらせ、半生状態にする。

3　**2**のたこの水けをペーパータオルで拭き取り、食べやすい大きさに切って片栗粉を薄くまぶす。揚げ油を高温（190℃）に熱し、たこを入れてさっと揚げ、取り出して油をきる。

4　**1**をボウルに入れて、Aを加えて混ぜ、**3**を加えてよくあえる。

すぐできる　## ミニトマトのマリネ

パームシュガーのねっとり感がポイント。

材料（2人分）

ミニトマト　10個
パームシュガー　小さじ1
白ワインビネガー　大さじ1

作り方

1　ミニトマトを耐熱皿に入れ、蒸し器で約5分蒸す。

2　取り出して熱いうちにボウルに入れ、パームシュガーと白ワインビネガーを加え、あえる。

作り置き　## ゴーヤーのナムル　P72

作り置き

すぐできる

メイン

19

穴子のブロッコリー蒸し弁当

夏の疲れた胃でもつるんと食べられる。

メイン **穴子のブロッコリー蒸し**

ふわっふわの穴子に柚子こしょうが合う。

材料（2人分）

穴子の切り身　小2切れ（100g）
ブロッコリー　110g
柚子こしょう　5g
ゴルゴンゾーラチーズ　10g
塩　少々
片栗粉　小さじ½

作り方

1　ブロッコリーは小房に分け、茎のかたい皮は厚めにむく。穴子は皮目に縦に3mm間隔で切り目を入れる。

2　ブロッコリーを蒸し器に入れ、約5分蒸す。フードプロセッサーに入れてペースト状になるまで攪拌する。

3　2をボウルに入れ、柚子こしょうとゴルゴンゾーラチーズを加えて混ぜる。

4　穴子の身側に、塩をふって、片栗粉をまぶし、3を等分に塗ってくるくると巻き、ラップで包む。蒸し器に入れ、7〜8分蒸して取り出す。ラップごと食べやすい大きさに切り、ラップをはずす。

すぐできる **とうもろこしレモングラス**

アジアンハーブとナンプラーでこうばしく。

材料（2人分）

とうもろこし（ゆでたもの）　½本
レモングラス　1本
バイマックルー　3枚
A　ナンプラー　大さじ½
　　パームシュガー　小さじ1
米油　小さじ1

作り方

1　とうもろこしは芯をつけたまま横4等分に切る。レモングラスはみじん切りに、バイマックルーはせん切りにする。

2　1をボウルに入れて、Aを加えてもみ込む。

3　フライパンに米油を中火で熱し、2を汁ごと入れてとうもろこしに焼き色がつくまで焼く。

作り置き **なすのバジル味噌炒め**　P72

すぐできる

メイン

作り置き

20

帆立と白身魚の白マーボー弁当

海鮮のうまみと、見た目とは裏腹な辛さでやみつきに。

メイン ## 帆立と白身魚の白マーボー

花椒（ホアジャオ）の香りとしびれる辛さが食欲を刺激する。

材料（2人分）

帆立貝柱（刺し身用）　大2個（110g）
白身魚（鯛、いさきなど）の切り身
　　1切れ（100g）
米油　大さじ1
花椒　小さじ1
しょうがのみじん切り　大さじ1
豆板醤　小さじ¼
長ねぎのみじん切り　½本分
紹興酒（または酒）　大さじ2
水溶き片栗粉
　　（片栗粉、水 各小さじ1）
ごま油　大さじ½

作り方

1　帆立は3等分のそぎ切りにする。白身魚は熱湯で約1分ゆでて取り出し、皮と骨を除いて、身をほぐす。

2　フライパンに米油と花椒を入れて弱火で熱し、しょうがを入れて炒める。香りが立ったら豆板醤を入れてなじませ、水½カップを加えて煮立てる。

3　白身魚と長ねぎ、紹興酒を加えてひと煮立ちさせ、水溶き片栗粉を加えてとろみをつける。帆立を加えて火を止め、余熱で火を通す。仕上げにごま油を回しかける。

すぐできる ## すいかのミント風味マリネ

デザート感覚のさわやかおかず。

材料（2人分）

すいか（赤い部分）　1/16個分（250g）
ミントの葉　適量
レモン汁　½個分
カイエンヌペッパー　少々
塩　少々

作り方

1　すいかは目立つ種を除き、一口大に切る。ミントの葉は粗く刻む。

2　1をボウルに入れて、レモン汁を加えてあえる。カイエンヌペッパーと塩を加えて調味する。

作り置き ## オクラのモロッコ煮込み　(P71)

作り置き

すぐできる

メイン

21 ハーブチキン弁当

漬けておくだけで、寝ても冷めてもいい香り。

メイン ## ハーブチキン

ハーブの香りとビネガーでさっぱり。

> 鶏肉をよくたたくと、味が浸透し
> 焼き時間の短縮にもなります。

材料(2人分)

鶏むね肉(皮なし)　大1枚(250g)
マリネ液
　　ローリエ　1枚
　　タイムの粗みじん切り　2g
　　ディルの粗みじん切り　2g
　　ローズマリーの粗みじん切り　2g
　　にんにくのみじん切り　1片分
　　オリーブオイル　大さじ4
　　白ワインビネガー　大さじ½
　　塩　小さじ½
　　粗びき黒こしょう　少々

作り方

1　鶏肉は薄いそぎ切りにし、麺棒などで2〜3mm厚さになるまでしっかりたたく。

2　保存容器にマリネ液の材料を混ぜ合わせ、**1**を加える。冷蔵室に2〜3時間おいてなじませる。

3　オーブンを170℃に予熱する。天板にオーブンペーパーを敷いて、**2**の汁けを軽くきってのせ、約6分焼く。

すぐできる ## きゅうりのバンバンジーソース

種を取り除くことでシャキシャキの食感に。

材料(作りやすい分量)

きゅうり　½本
バンバンジーソース(→P128)
　　小さじ1
みりん　小さじ1

作り方

1　みりんは耐熱ボウルに入れ、ラップをかけずに電子レンジで約20秒加熱する。バンバンジーソースを加えて混ぜる。

2　きゅうりは縦半分に切って、種をスプーンで除き、5mm厚さの斜め切りにする。**1**のボウルに加えてあえる。

作り置き ## トマトかぼちゃ　P71

メイン

すぐできる

作り置き

すぐできる

メイン

作り置き

あじのパクチーフライ弁当

サクサクぱくぱくおいしさノンストップ。

メイン ## あじのパクチーフライ

パクチー初心者や子どもにもおすすめです。

材 料(2人分)

あじ（3枚におろしたもの）　1尾分（160g）
塩　少々
こしょう　少々
パクチーペースト
　　パクチーのざく切り　1わ分
　　パルミジャーノ・レッジャーノの
　　　　すりおろし　大さじ3
　　にんにく　1片
　　オリーブオイル　大さじ2
衣
　　小麦粉　大さじ3
　　溶き卵　1個分
　　パン粉　大さじ3
揚げ油　適量

作り方

1　パクチーペーストの材料をフードプロセッサーに入れ、なめらかになるまで攪拌する。

2　あじに塩、こしょうをふり、**1**を2〜3mm厚さになるように塗る。衣を小麦粉、溶き卵、パン粉の順にまぶす。

3　揚げ油を中温（170℃）に熱し、**2**を入れて揚げる。衣がサクッとし、きつね色になったら、取り出して油をきり、食べやすい大きさに切る。

＊余ったパクチーペーストは冷蔵室で約7日間保存可能。

すぐできる ## 水なすときゅうりのとんぶりあえ

ぷちぷち、しゃくしゃくの食感が楽しい。

材 料(2人分)

水なす　¼本
きゅうり　¼本
塩　適量
A　とんぶり　大さじ1
　　レモン汁　小さじ1
　　しょうゆ　小さじ1

作り方

1　なすは食べやすい大きさの乱切りにする。塩を入れた水にさらす。

2　きゅうりを縦半分に切り、種をスプーンで除き、1cm幅の斜め切りにする。

3　Aをボウルに入れ、**1**と**2**の汁けをきって加え、あえる。

作り置き ## 切り干し煮干し　P73

中華風カレー揚げ豚弁当

サクッとスパイシーな豚でお腹大満足。

メイン

中華風カレー揚げ豚

多国籍なスパイスで、どこにもない味に。

材料(2人分)

豚ヒレかたまり肉　250g
マリネ液
　　長ねぎの青い部分　5cm
　　おろしにんにく　大さじ½
　　八角　1個
　　紹興酒(または酒)　40ml
　　しょうゆ　大さじ1⅓
　　砂糖　大さじ1½
　　カレー粉　大さじ1
　　オイスターソース　大さじ½
　　クミンパウダー　小さじ1
　　カルダモンパウダー　小さじ½
　　五香粉　少々
片栗粉　適量
揚げ油　適量

作り方

1　豚肉は8mm幅のそぎ切りにする。
2　保存容器にマリネ液の材料を混ぜ合わせ、**1**を加えてさっと混ぜる。冷蔵室に2～3時間おいてなじませる。
3　豚肉の汁けをきり、片栗粉を薄くまぶす。揚げ油を低温(160℃)に熱し、豚肉を入れて衣がカラリとするまで4～5分揚げ、取り出して油をきる。

すぐできる

万願寺とうがらし揚げ

油が素材の甘みを引き出します。

材料(2人分)

万願寺とうがらし　大4本
揚げ油　適量
しょうがじょうゆ
　　おろししょうが　大さじ1
　　しょうゆ　大さじ1

作り方

1　万願寺とうがらしは切り目を1カ所入れる。揚げ油を低温(160℃)に熱し、万願寺とうがらしを入れて素揚げする。しんなりしたら取り出して油をきり、斜め半分に切ってボウルに入れる。
2　しょうがじょうゆの材料を**1**のボウルに加えてあえる。

作り置き

オクラのモロッコ煮込み　(P71)

メイン

作り置き

すぐできる

24

えびとなすの
ココナッツ炒め弁当

ココナッツミルクの香りで気分は東南アジア。

メイン ## えびとなすのココナッツ炒め

甘さと辛さとピリッと感が口の中で踊り出す。

材料（2人分）

有頭えび　大9〜10尾
片栗粉　適量
なす　2本
揚げ油　適量
米油　大さじ2
しょうがのみじん切り　大さじ1
酒　大さじ2
砂糖　大さじ1
カレー粉　大さじ½
豆板醤　小さじ½
A　ココナッツミルク　大さじ3
　　しょうゆ　大さじ1弱

作り方

1　なすは縦半分に切って、斜め1cm幅に切る。えびは頭を落として殻をむき、背に浅く切り目を入れて背わたを除く。片栗粉を薄くまぶす。

2　揚げ油を低温（120℃）に熱し、**1**のえびを入れて色が変わるまで揚げ、取り出して油をきる。

3　フライパンに米油を入れて中火にかけ、なすを炒める。油がまわったらしょうがを加えて混ぜ、さらに酒を加えて混ぜ合わせる。

4　砂糖、カレー粉、豆板醤を順に加え、そのつど炒め合わせる。

5　**2**を加えて混ぜ、Aを加えて手早くからめて火を止める。好みでパクチーの葉を散らす。

すぐできる ## オクラのスパイスフライ

サクッとネバッと香り高い一品。

材料（2人分）

オクラ　6本
スパイス衣
　　バイマックルー　2枚
　　コリアンダーパウダー　小さじ¼
　　パン粉　10g
　　塩　小さじ¼
小麦粉　大さじ1
揚げ油　適量

作り方

1　スパイス衣を作る。バイマックルーは軸を除いてせん切りにする。残りの材料を加えてよく混ぜる。

2　オクラはがくをむいて、角を皮むき器で薄くそぐ。小麦粉を水少々で溶き、オクラにつけ、**1**のスパイス衣をつけてぎゅっと握る。

3　揚げ油を高温（180℃）に熱し、**2**を入れて、衣が色づくまで揚げ、取り出して油をきる。斜め半分に切る。

作り置き ## ツナ紫玉ねぎサラダ　P70

作り置き

すぐできる

メイン

夏の作り置き

△

ツナ紫玉ねぎ
サラダ

口直しにもご飯のお供にも、
弁当の彩りにも。

材料（作りやすい分量）

ツナ缶（ノンオイル）　100g
紫玉ねぎ　30g
アイオリソース
　卵黄　1個分
　おろしにんにく　1片分
　オリーブオイル　大さじ2
　塩　小さじ¼
ケッパー　大さじ1

作り方

1　紫玉ねぎは縦薄切りにする。
2　アイオリソースを作る。ボウルに卵黄、にんに
　く、塩を入れてよく混ぜる。泡立て器で絶えず
　かき混ぜながら、オリーブオイルを細く糸をた
　らすように加える。白っぽくもったりとするまで
　混ぜる。
3　ツナの缶汁をきって加え、**1**、ケッパーも加え
　て混ぜる。

約3日間 保存可能

△

蒸しなす
ねぎソース

口の中でほろほろと。
コツはきちんと蒸すこと。

材料（作りやすい分量）

なす（あれば丸なす）　4本（200g）
A　長ねぎのみじん切り　大さじ2
　米油　大さじ2
　しょうゆ　小さじ1
　藻塩　小さじ½

作り方

1　なすは縦半分に切って、一口大に切る。
2　**1**を耐熱容器に入れて、Aを加えてあえる。蒸
　し器で約30分蒸す。

約4日間 保存可能

▽ ▽

トマト
かぼちゃ

甘いおかず。素揚げしたかぼちゃも
炒めたトマトでさわやかに。

材料（作りやすい分量）

かぼちゃ　小¼個（350g）
ミニトマト　20個
揚げ油　適量
オリーブオイル　大さじ1
砂糖　小さじ2
ビンダルーペースト　小さじ1
塩　少々

作り方

1　かぼちゃは皮つきのまま5mm幅のくし形に
　　切って、横半分に切る。揚げ油を中温（170
　　℃）に熱し、かぼちゃを揚げる。竹串を刺して
　　みてすーっと通ったら、取り出して油をきる。

2　フライパンにオリーブオイルを中火で熱し、ミ
　　ニトマトを入れてさっと炒める。水大さじ2、
　　砂糖を加えて炒め、砂糖が少しとろりとしたら
　　ビンダルーペーストを加えて混ぜる。全体に
　　なじんだら、**1**を加えて混ぜ、塩で調味する。

約4日間 保存可能

オクラの
モロッコ煮込み

スパイスとトマトペーストが、
異国の風を連れてくる。

材料（作りやすい分量）

オクラ　10本
オリーブオイル　大さじ1
クミンシード　小さじ1
トマトペースト（市販）　小さじ2
A　コリアンダーパウダー　少々
　　クミンパウダー　少々
　　塩　小さじ⅙

作り方

1　オクラはがくをむいて、角を皮むき器で薄くそ
　　いで除く。

2　フライパンにオリーブオイルとクミンを入れて
　　弱火にかける。香りが立ったら、オクラを加え
　　て炒める。油がまわったら、水½カップとトマ
　　トペーストを加えて炒め煮にする。水分がほ
　　とんどなくなったら、Aを加えて調味する。

約4日間 保存可能

△

△

ゴーヤーの
ナムル

厚手の鍋で野菜の水分を
引き出しながら炒めるのがコツ。

材料（作りやすい分量）

ゴーヤー　1本
えのきたけ　1袋
米油　大さじ1
塩　小さじ1
おろしにんにく　小さじ1
ごま油　大さじ1

作り方

1　ゴーヤーは縦半分に切って種をきれいに除
　き、横薄切りにする。えのきたけは長さを半
　分に切る。
2　厚手の鍋に米油を中火で熱し、**1**を入れて炒
　める。えのきから水分が出てきたら、塩を加え
　てさらに炒め、水分がほとんどなくなったら、
　にんにくを加えて混ぜる。火を止めてごま油を
　回しかける。

約 5日間 保存可能

なすの
バジル味噌炒め

バジルの香りが
清涼感を加え、食欲が増す。

材料（作りやすい分量）

なす　大4本（300g）
バジル　1パック（20g、20枚前後）
オリーブオイル　大さじ2
砂糖　大さじ5
味噌　大さじ2

作り方

1　なすは乱切りにし、バジルは粗く刻む。
2　フライパンにオリーブオイルを入れて中火で熱
　し、なすを炒める。途中油が足りなくなったら
　足す。
3　なすに油がまわったら砂糖を加え、溶けて茶
　色くなってきたら、味噌も加えてからめる。バ
　ジルを散らし、火を止める。

約 5日間 保存可能

△ △

えのきとセロリの
梅あえ

夏の冷蔵庫に
常備したい万能おかず。

材 料（作りやすい分量）

えのきたけ　小1袋（100g）
セロリ　1½本
藻塩　少々
梅干し　大1個
しょうゆ　小さじ1
米油　小さじ1

作り方

1　えのきたけはよくほぐし、熱湯でさっとゆでて
　ざるにあける。水にさらして冷まし、水けをし
　っかり絞る。セロリは斜め薄切りにし、藻塩を
　ふる。梅干しは種を除いて包丁でたたく。

2　セロリの水分を絞り、えのきたけとともにボウ
　ルに入れ、よく混ぜる。梅干しを加えて混ぜ、
　しょうゆ、米油で調味する。

約4日間 保存可能

切り干し
煮干し

ほっとするだしの味に
実山椒がアクセント。

材 料（作りやすい分量）

煮干し　6g
漬け汁
　昆布　1枚（8×5cm）
　水　1カップ
切り干し大根　25g
A　酒　大さじ1
　みりん　大さじ1
　実山椒の水煮（市販）　小さじ2

作り方

1　煮干しは頭、わた、中骨を取り除き、漬け汁と
　ともにボウルに入れて3時間以上おく。

2　切り干し大根をたっぷりの水で戻し、水けをき
　って食べやすい長さに切る。

3　鍋に1を汁ごと入れ、中火にかける。沸騰した
　ら昆布を除き、2とAを加え、約10分煮る。

約4日間 保存可能

25

豪華行楽弁当

いつものおかずをアレンジして豪華に！
おでかけに最適な見た目も美しい弁当です。

① ブルーチーズサンド

材料 (作りやすい分量)

ブルーチーズ　大さじ2
里いも　3個　　ライ麦食パン　2枚
きのこペースト (→P126)　大さじ1

作り方

1 里いもは皮つきのまま蒸し器に入れて15〜20分蒸す。皮をむいてマッシャーで潰し、きのこペーストとブルーチーズを加えて混ぜる。

2 パン1枚に**1**を塗ってもう1枚で挟み、食べやすい大きさに切る。

② 割り干しソムタム

材料 (2人分)

割り干し大根　20g
紅芯大根 (または紅くるり大根)、金美にんじん
　(またはにんじん) などを合わせて　70g
干しえび　大さじ1⅓
ピーナッツ (無塩)　大さじ2
赤とうがらし　小1本
にんにくのみじん切り　½片分
A　レモン汁　大さじ1強
　　ナンプラー　大さじ1
　　パームシュガー　大さじ1

作り方

1 割り干し大根をたっぷりの水で戻し、水けを絞り、ペーパータオルで水けを拭く。

2 紅芯大根と金美にんじんは細切りにする。ピーナッツは粗く刻む。干しえびは包丁で粗みじん切りにする。とうがらしは種を除き、粗みじん切りにする。

3 すり鉢に干しえびを入れ、麺棒の先端でたたくようにして潰し、割り干し大根、紅芯大根と金美にんじんを順に加えて、そのつど潰す。とうがらしとにんにくを加えてさらに潰す。

4 Aの材料をよく混ぜて加え、潰しながらさらに混ぜる。仕上げにピーナッツを加えて混ぜる。

③ ローストビーフサンド

材料 (作りやすい分量)

ローストビーフ (→P22、ごく薄切りにしたもの)　10枚
食パン (12枚切り)　2枚
バター　適量
マスタード　適量

作り方

1 食パンは1枚にバター、もう1枚にマスタードを薄く塗る。

2 パン1枚にローストビーフをのせ、もう1枚で挟み、食べやすい大きさに切る。

④ ムーサロン

材料 (6個分)

豚ひき肉　150g
生鮭　50g (½切れ)
中華生麺　1玉
A　パクチーの根　2本分
　　にんにく　1片
　　コリアンダーシード　小さじ1
B　溶き卵　½個分
　　ナンプラー　大さじ½
　　小麦粉　大さじ½
揚げ油　適量

作り方

1 パクチーの根をみじん切りにし、Aの材料をすべてすり鉢に入れ、麺棒でたたくようにして粗くすり潰す。

2 ボウルにひき肉を入れ、**1**とBを加えてよく練り混ぜ、6等分にする。

3 鮭は1cm角に切って、**2**の1個に2〜3切れずつ入れて丸める。外側に中華麺を生のまま毛糸玉を巻くように巻きつける。

4 揚げ油を中温 (170℃) に熱し、**3**を入れて5〜6分カラリとするまで揚げる。

⑤ ハーブチキン唐揚げ

材料（作りやすい分量）

ハーブチキン
　　（→P62、マリネ液に漬け込んだもの）　適量
片栗粉　適量
揚げ油　適量

作り方

1　マリネ液に漬け込んだハーブチキンは、1枚ずつぎゅっと握って俵形に成形し、片栗粉をたっぷりまぶす。

2　揚げ油を低温（160℃）に熱し、**1**を入れて3〜4分揚げる。

⑥ 菜の花の実山椒あえ

材料（作りやすい分量）

菜の花　½わ（65g）
実山椒ソース（→P127）　大さじ1

作り方

1　菜の花は、根元を約5mm切り落とし、熱湯で約30秒ゆでて冷水にさらす。水けを絞って、食べやすい長さに切る。

2　ボウルに入れ、実山椒ソースを加えてあえる。

⑦ たけのこのパプリカあえ

材料（作りやすい分量）

たけのこの水煮　適量
パプリカペースト（→P129）　適量

作り方

1　たけのこは食べやすい大きさに切る。耐熱皿に並べ、オーブントースターでこんがりと焼き色がつくまで焼く。

2　取り出してボウルに入れ、パプリカペーストを加えてあえる。

⑧ ブランマンジェ

材料（60mlのカップ6個分）

牛乳　1カップ
生クリーム　½カップ
粉ゼラチン　5g
グラニュー糖　55g

作り方

1　ゼラチンは水大さじ1でふやかす。

2　牛乳、生クリーム、グラニュー糖を鍋に入れ、中火にかける。80℃に温まったら、**1**を加えて泡立て器で混ぜて溶かし、火を止める。目の細かいざるで漉す。

3　粗熱がとれたらカップに注ぎ、冷蔵室に2〜3時間おいて冷やし固める。

⑨ ロールトレビス

　（→P90）

⑩ しいたけの　えびだんご詰め

　（→P96）

⑪ 海老醤おにぎり

材料（3個分）

海老醤（→P128）　40g
温かいご飯　160g（茶碗1杯強）
藻塩　少々

作り方

ご飯をボウルに入れて、海老醤と藻塩を加えて混ぜる。3等分にし、丸く握る。

26

春巻づくし弁当

chiobenの春巻は二枚巻きが鉄則。
サクサクおいしく、いろんな素材を楽しんで。

① あんバター春巻

② 豚と切り干し大根の生春巻揚げ

③ ほっき貝と腐乳の春巻

④ 白身魚とせりの春巻

⑤ アボカドとアスパラとバジルの春巻

⑥ 牡蠣と長いも、クレソンの春巻

⑦ 大根もち春巻

⑧ 彩り野菜のパプリカドレッシング

春巻づくし弁当

春巻の巻き方、揚げ方に関しては
すべて以下に準じます。

基本の春巻の 巻き方

1 春巻の皮小1枚は、角を手前に置く。中央手前に具を均一にのせ、皮の手前を奥側に向けて折り、両端を内側に折ってから、さらに巻く。巻き終わりを水で留める。

2 春巻の皮もう1枚を角を手前に置く。**1**を中央手前に置いて、同様に折りたたみ、水で留める。

＊**1**の状態で冷凍可能。食べる際は直前に取り出し、**2**の工程へとすすむ。

基本の春巻の 揚げ方

中身が生ものの場合は、揚げ油を中温（170℃）に熱し、じっくり揚げる。中身が火を通す必要がない場合は、高温（180℃）でカラリとするまで揚げる。

注 意

chiobenの春巻は長さを半分または斜め半分に切ります。その時、断面が美しく見えるように、皮に置くそれぞれの具材の量を均一にするよう心がけてください。何度か作ると置き方や巻き方のコツがわかるようになります。

① あんバター春巻

材 料（1本分）

こしあん（つぶあんでも可、市販）　大さじ1
バター　1かけ（15g）
グレープフルーツ　2房
春巻の皮　小2枚
揚げ油　適量

作り方

材料を春巻の皮で二度巻きにし、油で揚げる。取り出して油をきり、長さを半分に切る。

② 豚と切り干し大根の 生春巻揚げ

材 料（1本分）

豚ロースしゃぶしゃぶ用肉　30g
漬けだれ
　おろししょうが　小さじ1
　しょうゆ　小さじ1弱
　酒　小さじ½弱
えごまの葉　1枚
切り干し大根　4g
生春巻の皮　小1枚
揚げ油　適量

作り方

1 豚肉をボウルに入れ、漬けだれの材料を加えてもみ込み、約5分おいてなじませる。

2 生春巻の皮をさっと水につけて戻す。水けをペーパータオルで拭き、えごまの葉、戻していない切り干し大根、**1**を均一にのせて巻く。油で揚げて、長さを半分に切る。

＊生春巻の皮を揚げるとブツブツ膨らんでくるが、箸で上下を返しながら揚げれば落ち着く。

③ ほっき貝と腐乳の春巻

材 料（1本分）

ほっき貝　½個
腐乳　小さじ1
米油　小さじ¼
スナップえんどう　1本
春巻の皮　小2枚
揚げ油　適量

作り方

1 ほっき貝は一口大に切る。ボウルに腐乳と米油を入れて混ぜ、ほっき貝を入れてからめる。

2 **1**、スナップえんどうを春巻の皮で二度巻きにし、油で揚げる。取り出して油をきり、長さを半分に切る。

④ 白身魚とせりの春巻

材料（1本分）

白身魚（鯛、たらなど）　¼切れ（20g）
A　おろししょうが　小さじ½
　　ごま油　小さじ½
　　しょうゆ　小さじ½
　　豆板醤　少々
せり　1本
春巻の皮　小2枚
揚げ油　適量

作り方

1　白身魚は熱湯でさっとゆで、取り出して皮と骨を除き、ほぐす。Aを加えて混ぜる。
2　せりは3cm長さに切る。
3　1、2を春巻の皮で二度巻きにし、油で揚げる。取り出して油をきり、長さを半分に切る。

⑤ アボカドとアスパラとバジルの春巻

材料（1本分）

アスパラガス　大½本　　アボカド　⅛個
バジルの葉　3枚　　春巻の皮　小2枚
塩　少々　　揚げ油　適量

作り方

1　アスパラガスは下の部分のかたい皮を皮むき器でむき、乱切りにする。アボカドは乱切りにする。ともにボウルに入れ、塩を加えて混ぜる。
2　1、バジルを春巻の皮で二度巻きにし、油で揚げる。取り出して油をきり、長さを半分に切る。

⑥ 大根もち春巻

材料（1本分）

大根　10g
切り餅　¼個
海老醤（→P128）　大さじ1
春巻の皮　小2枚
揚げ油　適量

作り方

1　大根はマッチ棒くらいの細切りにする。餅は1cm角に切る。
2　1、海老醤を春巻の皮で二度巻きにし、油で揚げる。取り出して油をきり、長さを半分に切る。

⑦ 牡蠣と長いも、クレソンの春巻

材料（1本分）

牡蠣（生食用）　2個
漬けだれ
　　おろししょうが　小さじ1
　　薄口しょうゆ　小さじ½
　　藻塩　小さじ¼
クレソン　2本　　長いも　10g
春巻の皮　小2枚　　揚げ油　適量

作り方

1　クレソンは2cm長さに切る。長いもは5mm四方、5cm長さのスティック状に切る。
2　漬けだれの材料を混ぜ合わせる。牡蠣はよく洗って水けをきり、漬けだれに入れて10分以上おき、なじませる。
3　1、2を春巻の皮で二度巻きにし、油で揚げる。取り出して油をきり、長さを半分に切る。

⑧ 彩り野菜のパプリカドレッシング

材料

好みの生野菜（トレビス、コリンキーなど）　適量
パプリカドレッシング
　　パプリカペースト（→P129）　大さじ1
　　米油　大さじ1
　　藻塩　少々

作り方

1　野菜は食べやすい大きさにちぎって、水けをよくきる。
2　パプリカドレッシングの材料をよく混ぜる。**1**にかけ、食べる前によくあえる。

秋 AUTUMN

27

鶏大根弁当

しっかり煮詰めて冷めてもおいしい。

メイン

鶏大根

鍋に材料を入れて、煮るだけで完成！

材料（2人分）

鶏もも肉（皮なし）　大2枚（450g）
大根　6cm（200g）
煮汁
　削りがつお　10g
　酒　120ml
　しょうゆ　大さじ4
　みりん　大さじ4
　砂糖　20g
　水　1½カップ

作り方

1　大根は2cm厚さのいちょう切りにする。鶏肉は大きめの一口大に切る。
2　煮汁の材料、1を厚手の鍋に入れ、中火にかける。煮立ったらごく弱火にし、ふたをして45〜60分煮る。

すぐできる

キャベツのごまあえ

藻塩のうまみがキャベツを引き立てる。

材料（2人分）

キャベツ　2枚（200g）
藻塩　小さじ½
合わせ調味料
　白いりごま　大さじ1
　だし汁　大さじ2
　酢　小さじ½
　砂糖　小さじ½

作り方

1　キャベツはざく切りにして、藻塩をふって軽くもみ、水けを絞る。
2　合わせ調味料を加えてあえる。

作り置き　ビーツのピーナッツバターあえ　（P100）

作り置き

すぐできる

メイン

28

豚の昆布〆焼き弁当

しっとりねっとり昆布のうまみで豚をやわらかく。

メイン ## 豚の昆布〆焼き

肉の水分が抜けて昆布のうまみが浸透する。

材料（2人分）

豚肩ロース焼肉用肉　250g
昆布（10×20cmのもの）　2枚
塩　小さじ½
米油　小さじ1
しょうゆ　小さじ¼

作り方

1　昆布はさっと水にさらして、濡らしたペーパータオルで拭く。昆布1枚に、豚肉をのせ、塩をふり、もう1枚の昆布で挟む。ラップで包み、冷蔵室に1日以上置く。

2　1の豚肉を取り出し、昆布をはずす。フライパンに米油を入れ、中火で熱し、豚肉を入れて焼く。途中上下を返し、肉の色が変わったら、しょうゆで調味する。

すぐできる ## 梨とかぶの豆板醬あえ

果物の甘さ＋ピリ辛だれでご飯のお供に。

> 梨はかためのものを使うとおいしいです。

材料（2人分）

梨　¼個（60g）
かぶ　小1個（60g）
A　しょうがの搾り汁　小さじ½
　　ごま油　小さじ½
　　しょうゆ　小さじ½
　　豆板醬　小さじ⅛

作り方

1　梨は縦半分に切って、横薄切りにする。かぶも梨の大きさに合わせて切る。

2　Aをボウルに入れて混ぜ、1を加えてあえる。

作り置き ## さつまいもマッシュ （P102）

作り置き

すぐできる

メイン

29

マコモダケの
鶏つくね包み弁当

めくるめく食感のバラエティが楽しめる。

マコモダケの鶏つくね包み

シャキシャキのマコモとふんわりつくねがよく合う。

材料（2人分）

マコモダケ　2本
つくねだね
　鶏ひき肉　100g
　溶き卵　½個分
　おろししょうが　小さじ½
　しょうゆ　大さじ1
　酒　大さじ½
　片栗粉　大さじ½

作り方

1　つくねだねの材料をボウルに入れ、よく練り混ぜる。
2　マコモダケは皮つきのまま縦に1本切り目を入れる。**1**を等分して切れ目に詰める。
3　オーブンを190℃に予熱する。
4　オーブンの天板にオーブンペーパーを敷いて、**2**を並べて、約10分焼く。取り出してかたい皮を除き、食べやすい長さに切る。

＊マコモダケとは、秋に収穫されるマコモというイネ科の植物の肥大化した茎の部分。シャキシャキとしたたけのこのような歯ごたえで中華料理によく使われる。

揚げちくわ

片栗粉の薄衣でもっちりちくわに。

材料（2人分）

ちくわ　2本
柚子こしょう　小さじ¼
しょうゆ　小さじ¼
片栗粉　適量
揚げ油　適量

作り方

1　ちくわは斜め3等分に切る。ボウルに柚子こしょう、しょうゆを入れて混ぜ、ちくわを加えてあえる。
2　**1**に片栗粉を薄くまぶす。揚げ油を高温（180℃）に熱し、ちくわを入れてカラリとするまで揚げ、取り出して油をきる。

ビーツのピーナッツバターあえ　（P100）

すぐできる

メイン

作り置き

30

ロールトレビス弁当

よく練ってねっとりとした食感の肉だんごにするのがchioben流。

ロールトレビス

ほろ苦いトレビスでひと味ちがうおいしさに。

材料（2人分）

トレビス　6枚
豚ひき肉（あれば粗びきのもの）　150g
A　溶き卵　½個分
　　玉ねぎのすりおろし　⅛個分（20g）
　　おろししょうが　大さじ½
　　オイスターソース　大さじ½
　　紹興酒　大さじ½
　　しょうゆ　大さじ½
　　片栗粉　小さじ½
　　砂糖　小さじ¼
　　塩　少々
　　粗びき黒こしょう　少々
　　ナツメグ　少々

作り方

1　ひき肉をボウルに入れて、Aを加えてよく練り混ぜる。白っぽくなり、まんべんなく混ざったら、6等分して丸める。トレビス1枚に1個ずつのせ、左右を折りたたんでくるくると巻く（加熱するとやわらかくなるので、完全に巻ききらなくてよい）。

2　**1**を蒸し器に入れて、約15分蒸す。トレビスがはがれている部分は巻きなおす。

柿のサワークリームあえ

ミントの風味がさわやか。デザート代わりにも。

材料（作りやすい分量）

柿　1個（100g）
ミントの葉　少々
A　サワークリーム　大さじ1
　　生クリーム　大さじ1
　　塩　少々

作り方

1　柿は八つ割りにする。ミントの葉は粗みじん切りにする。

2　Aをボウルに入れてよく混ぜ、**1**を加えてあえる。

エリンギのコンフィ　（P101）

メイン

すぐできる

作り置き

作り置き

すぐできる

メイン

銀杏がんも弁当

動物性たんぱくゼロのヘルシー弁当。

メイン

銀杏がんも

色とりどりの野菜で栄養たっぷり。

> がんもは濃いめの煮汁で煮ると
> 味がしみ込みます。

材料(2人分)

がんもだね
　木綿豆腐　250g
　銀杏の水煮　8粒
　さやいんげんの小口切り　4本分(40g)
　にんじんの粗みじん切り　40g
　長ねぎの粗みじん切り　40g
　塩　小さじ½
揚げ油　適量
煮汁
　だし汁　180ml
　しょうゆ　大さじ2
　みりん　大さじ2

作り方

1　がんもだねの豆腐はペーパータオルに包み、重しをして20～30分おき、水きりをする(約180gになる)。その他のがんもだねの材料とともにボウルに入れて、なめらかになるまでよく練り混ぜる。半量ずつに分けて、直径10cmの平たい丸形に成形する。

2　フライパンに揚げ油を中温(170℃)に熱し、**1**をそっと入れる。触らないようにして揚げ、こんがりして固まったら上下を返して同様に揚げ、取り出して油をきる。フライパンの油をオイルポットなどに移し、フライパンをペーパータオルで拭く。

3　煮汁の材料をフライパンに入れて中火で煮立て、**2**を入れて2～3分煮る。取り出して汁を軽くきる。

すぐできる

菊と三つ葉のあえもの

香りと彩りのある野菜で弁当を華やかに。

材料(2人分)

三つ葉　½わ
食用菊(黄)の花びら
　12g(花3個分が目安)
A　酢　小さじ½
　しょうゆ　小さじ½

作り方

1　三つ葉は5cm長さに切る。鍋に湯を沸かしてさっとゆで、ざるにあける。

2　再び鍋に湯を沸かし、菊の花びらを入れてさっとゆで、別のざるにあける。

3　**1**、**2**の粗熱がとれたら水けを絞り、ボウルに入れる。Aを加えてあえる。

作り置き

なめこの天丼風　P102

さんま煮弁当

胃もよろこぶ、しょうがと酢のさっぱり煮。

メイン ## さんま煮

しっかり煮れば骨まで食べられます。

材料（2人分）

さんま　2尾
A　しょうがの薄切り　1かけ分
　　酒　½カップ
　　しょうゆ　大さじ3
　　砂糖　大さじ3
　　酢　大さじ1

作り方

1　さんまは頭と尾を切り落とし、内臓を除く。内臓のあった部分を水洗いして、1尾を3等分に切る。鍋に1カップの湯を沸かし、さんまを入れて中火でさっと煮て、冷水にとる。

2　さんまをさっと洗って圧力鍋に入れ、Aを加えてふたをし、中火にかける。圧力がかかったら弱火にし、約30分加圧する。火を止めてそのまま冷めるまでおく。

　　＊圧力鍋がない場合は、厚手の鍋にさんまを入れ、Aに水2カップを加えた煮汁で、約2時間ごく弱火で煮る。

すぐできる ## 赤パプリカの塩きんぴら

塩選びが重要、ミネラルたっぷりのものを。

材料（作りやすい分量）

赤パプリカ　½個（60g）
米油　大さじ1
粗塩（ゲランドの塩など）　小さじ½

作り方

1　パプリカは縦1cm幅に切る。

2　フライパンに米油を中火で熱し、パプリカを入れて炒める。油がまわったら、塩をふってさっと炒める。

作り置き ## 里いもねぎナムル　（P100）

作り置き

すぐできる

メイン

33

しいたけのえびだんご詰め弁当

海のうまみと山のうまみにバイマックルーが喝！

メイン

しいたけのえびだんご詰め

ぷりっとねっとり食感は豚の背脂が決め手。

> 豚の背脂は
> 精肉店で手に入ります。
> 店頭にない場合は
> 「豚の背脂をひいたもの」
> と頼めば出してもらえます。

材料（2人分）

しいたけ　小6個
むきえび　200g
下ごしらえ用
　塩　適量
　片栗粉　適量
バイマックルー　6枚
豚の背脂をひいたもの　40g
A　塩　小さじ¼
　こしょう　少々
　砂糖　少々
B　ごま油　大さじ¼
　片栗粉　小さじ½
　ナンプラー　小さじ½弱
小麦粉　適量

作り方

1　バイマックルーは太い軸を取ってせん切りにする。しいたけは軸を切り落とす。

2　えびはあれば背わたを除く。ざるに入れて、下ごしらえ用の塩と片栗粉を加え、もみ込む。水洗いしてペーパータオルで水けを拭く。

3　**2**を粗くたたき、ボウルに入れて、豚の背脂、Aを加えて混ぜる。全体がなじんだら、Bも加えてさらに混ぜ、バイマックルーを加えて混ぜる。

4　しいたけのかさに茶こしなどで小麦粉を薄くふる。**3**を6等分して丸め、しいたけのかさにのせ、丸く成形する。1つずつラップで包む。

5　**4**を蒸し器に入れて、約5分蒸し、取り出してラップをはずす。

すぐできる

揚げいんげんのアンチョビーあえ

磯の香りとコクのある味が食欲を増進。

材料（作りやすい分量）

さやいんげん　100g
アンチョビーフィレ　2枚（7g）
揚げ油　適量
米油　小さじ½

作り方

1　揚げ油を中温（170℃）に熱し、いんげんを入れて揚げる。しんなりして薄く色づいたら取り出し、油をきる。粗熱をとって長さを半分に切る。

2　アンチョビーをみじん切りにしてボウルに入れ、米油を混ぜる。**1**を加えてあえる。

作り置き

さつまいもマッシュ　(P102)

作り置き

すぐできる

メイン

34

厚揚げの
レモングラス炒め弁当

オールベジでも揚げもので満足感たっぷり。

メイン

厚揚げのレモングラス炒め

厚揚げをさらに揚げてカリカリに!

材料(2人分)

厚揚げ ⅔丁(200g)
レモングラスのみじん切り 2本分
片栗粉 適量
揚げ油 適量
米油 大さじ1
赤とうがらしの小口切り 1本分
にんにくのみじん切り 1片分
A 砂糖 大さじ1
　 ナンプラー 小さじ1
　 塩 小さじ½
　 水 大さじ1
パクチーのみじん切り 1株分

作り方

1 厚揚げは3cm四方、2cm厚さに切って、片栗粉を薄くまぶす。

2 揚げ油を高温(180℃)に熱し、**1**を入れて揚げる。カラリとしたら取り出して油をきる。

3 フライパンに米油を入れて中火で熱し、とうがらし、レモングラス、にんにくを入れて炒める。香りが立ったら、Aを加えて混ぜる。**2**を加え、全体をさっとからめ、パクチーをふる。

すぐできる

じゃがいものレモンマスタード

たっぷりレモンのすっぱさがたまらない。

材料(2人分)

じゃがいも 小3個(180g)
塩 少々
A レモン汁 小さじ4
　 粒マスタード 大さじ1
　 はちみつ 小さじ1
　 コリアンダーパウダー 少々

作り方

1 じゃがいもは1cm厚さの輪切りにし、耐熱ボウルに入れる。ふんわりとラップをかけて約6分加熱し、塩をふる。

2 Aを混ぜて**1**のボウルに加え、ざっとあえる。

作り置き

カリフラワーのピクルス P101

すぐできる

作り置き

メイン

秋の作り置き

里いもねぎ
ナムル

薄く切るから手早く作れて
味もしみる。

材料（作りやすい分量）

里いも　小6個（300g）
長ねぎのみじん切り　1本分
米油　大さじ1
紹興酒　大さじ2
だし汁　½カップ
A　ナンプラー　小さじ1
　　ごま油　小さじ1
　　藻塩　小さじ½

作り方

1　里いもは皮を厚めにむいて3mm厚さの輪切
　　りにする。
2　フライパンに米油を入れて中火で熱し、**1**を入
　　れて炒める。半透明になったら紹興酒、だし汁
　　を加えて煮る。汁が少なくなったら、Aを加え
　　て混ぜ、長ねぎを加えてさっと炒め合わせる。

約4日間 保存可能

ビーツの
ピーナッツバターあえ

色が美しいビーツで
弁当を華やかに。

材料（作りやすい分量）

ビーツ　小1個（100g）
A　レモン汁　大さじ1
　　ピーナッツバター（無糖）　20g
　　オリーブオイル　大さじ1
　　塩　小さじ¼

作り方

1　オーブンを200℃に予熱する。ビーツは皮つ
　　きのままアルミホイルで包み、オーブンで約
　　40分焼く。取り出して粗熱をとり、かたい皮
　　を除いて2cm角に切る。
2　Aをボウルに入れて混ぜ、**1**を加えてあえる。

約4日間 保存可能

△

カリフラワーの
ピクルス

揚げてから漬けるから
こうばしい。

材料（作りやすい分量）

カリフラワー　¼個（120g）
揚げ油　適量
ピクルス液
　　カルダモン　1粒
　　（またはカルダモンパウダー小さじ¼）
　　白ワインビネガー　70ml
　　パームシュガー　20g　　こしょう　少々
　　塩　小さじ⅓　　　　　水　40ml

作り方

1　カリフラワーは小房に分ける。揚げ油を低温
　　（160℃）に熱し、カリフラワーを入れて揚げ
　　る。やわらかくなり、薄く色づいたら取り出し
　　て油をきる。
2　ピクルス液の材料を鍋に入れて、中火にかけ
　　る。煮立ったら2〜3分弱火で煮る。
3　耐熱ボウルに1を入れ、2をかけ、冷めるまで
　　おく。

約7日間 保存可能

△

エリンギの
コンフィ

低温の油でじっくり揚げることで
しっとりぷりぷりに。

材料（作りやすい分量）

エリンギ　2本
米油　少々
にんにくのみじん切り　小さじ1
オリーブオイル　¼カップ
A　白ワイン　¼カップ
　　コリアンダーパウダー　小さじ½
　　塩　小さじ½　　　こしょう　少々
　　あればエルブ・ド・プロバンス　少々

作り方

1　エリンギは縦半分に切って、一口大に切る。
2　フライパンに米油、にんにくを入れて中火で熱
　　し、香りが立ったらオリーブオイルを加えて弱
　　火にする。油が温まったらエリンギを入れ、薄
　　く色づくまで揚げ焼きにする。
3　Aを加え、煮立ったら火を止める。そのままお
　　いて冷ます。

約7日間 保存可能

さつまいも
マッシュ

サワークリームの酸味が
さっぱりうまい。

材料（作りやすい分量）

さつまいも　1本（180g）
A　サワークリーム　大さじ1
　　白ワインビネガー　小さじ2
　　パームシュガー　小さじ2
揚げ油　適量
パセリのみじん切り　1枝分（15g）

作り方

1　さつまいもは一口大に切って、蒸し器で約10
　　分蒸す。竹串を刺してみてすーっと通るように
　　なったら、取り出してボウルに入れ、マッシャ
　　ーなどでなめらかに潰す。
2　Aの材料を混ぜて、1のボウルに加え、よく混
　　ぜる。
3　揚げ油を高温（180℃）に熱し、パセリを入れ
　　て揚げる。カリッとしたら網じゃくしですくって
　　油をきり、2のボウルに加えて混ぜる。

約3日間 保存可能

なめこの
天丼風

目をつぶって食べると、
まるで天丼！

材料（作りやすい分量）

なめこ（あれば軸つきのもの）　2袋（190g）
長ねぎ　⅓本（30g）
大根おろし　50g
米油　大さじ1
しょうゆ　小さじ2½
白いりごま　大さじ1

作り方

1　長ねぎは縦半分に切って、斜め薄切りにする。
　　大根おろしは軽く汁をきる。
2　フライパンに米油を中火で熱し、なめこと長
　　ねぎを入れて炒める。油がまわり、長ねぎがく
　　たっとしたら、しょうゆを加えて混ぜる。
3　大根おろしを加えてさらに炒め、全体になじ
　　んだらごまを加えて火を止める。

約5日間 保存可能

冬 WINTER

35

豚バラスパイス煮込み弁当

多国籍のたっぷりスパイスで新しい味に。

メイン 豚バラスパイス煮込み

豚の脂がしっかり溶けるまで煮込むから美味。

材料（2人分）

豚バラかたまり肉　500g
煮汁
　シナモン　1本
　泡盛（または酒）　70ml
　砂糖　80g
　しょうゆ　大さじ1½
　ビンダルーペースト　大さじ1
　花椒（ホアジャオ）　6g
　コリアンダーシード　4g
　クミンシード　3g
　水　250ml

作り方

1　豚肉は大きめの一口大に切る。圧力鍋に入れて、かぶるくらいの水を注ぎ、中火にかける。圧力がかかったら、約30分加圧する。火を止めて圧を抜いてゆで汁を捨て、豚肉をいったん取り出す。

2　豚肉を流水で洗い、圧力鍋に戻し入れる。煮汁の材料を加えてふたをし、再び中火にかける。圧力がかかったら約1時間煮て火を止め、圧を抜く。

＊余裕があれば、**1**の圧を抜いた状態でゆで汁ごと保存容器に移し、冷蔵室に一晩置き、浮いた脂を取り除くとさっぱりと仕上がる。

すぐできる ほうれんそうの梅あえ

オリーブオイルでいつものおひたしにひと工夫。

材料（作りやすい分量）

ほうれんそう　½わ
梅干し　大1粒（25g）
オリーブオイル　小さじ1
しょうゆ　少々

作り方

1　鍋に湯を沸かし、ほうれんそうを入れてさっとゆでる。冷水にとって冷まし、食べやすい長さに切って、水けを絞る。梅干しは種を除き、包丁でペースト状になるまでたたく。

2　ボウルに**1**の梅干し、オリーブオイル、しょうゆを入れてよく混ぜ、ほうれんそうを加えてあえる。

作り置き 赤かぶの腐乳あえ （P122）

すぐできる

メイン

作り置き

36

たらのバター焼き弁当

惜しみないバターがこうばしい。

たらのバター焼き

バターのコクとしょうがのキレ味が絶妙。

材料（2人分）

たらの切り身　小2切れ（130g）
片栗粉　適量
米油　小さじ1
バター　大さじ1
おろししょうが　大さじ1
A　酒　大さじ1
　　砂糖　大さじ1
　　しょうゆ　小さじ1
　　米油　少々
　　水　大さじ1

作り方

1　たらは半分に切って、片栗粉を薄くまぶす。
2　フライパンに米油を入れ、中火にかける。たらを入れて両面こんがりと焼き、いったん取り出す。
3　続けて、フライパンにバターを入れて中火で溶かし、しょうがを入れて炒める。香りが立ったら、Aをよく混ぜて加え、煮立てる。2を戻し入れてさっとからめる。

すぐできる

まいたけと菊、青菜のあえもの

彩りが美しいのでハレの日にも。

材料（作りやすい分量）

まいたけ　1パック（100g）
食用菊（紫）の花びら
　　15g（花4個分が目安）
ほうれんそう　3株（60g）
酢　少々
A　かぼす（または好みのかんきつ類）の
　　　搾り汁　小さじ1
　　しょうゆ　小さじ1

作り方

1　まいたけはほぐし、アルミホイルの上に広げて、魚焼きグリルでしんなりするまで焼く。
2　鍋に湯を沸かし、酢、菊の花を入れてさっとゆでる。網じゃくしですくってざるに入れ、冷水につけて冷まし、水けを絞る。
3　続けて、同じ鍋にほうれんそうを根元から入れてさっとゆでる。取り出して冷水で冷まし、4cm長さに切って水けを絞る。
4　Aをボウルに入れて混ぜ、1、2、3を加えてあえる。

作り置き　高野豆腐のオランダ煮　（P122）

作り置き

すぐできる

メイン

メイン

すぐできる

作り置き

キョフテとミニトマトの グリル弁当

キョフテはトルコのスパイシーな肉だんごです。

メイン ## キョフテとミニトマトのグリル

パセリとスパイスの量で異国感を調整可。

材料（2人分）

合いびき肉　200g
玉ねぎのみじん切り　1/3個
ミニトマト　6個
サラダ油　適量
牛乳　大さじ1
パン粉　10g
A　パセリのみじん切り　小さじ2
　　おろしにんにく　小さじ2/3
　　砂糖　小さじ2/3
　　中濃ソース　小さじ1/3
　　オイスターソース　小さじ1/3
　　塩　小さじ1/4
　　クミンパウダー　2g
　　ナツメグ　1g
　　好みのスパイス（オールスパイス、粗び
　　　き黒こしょう、ガラムマサラ、コリアン
　　　ダーパウダーなど）　各少々

作り方

1　フライパンに油を入れて中火にかけ、玉ねぎを炒
　める。透き通ってきつね色になったら、バットに取
　り出して冷ます。

2　牛乳にパン粉を加えてふやかす。

3　ボウルにミニトマト以外のすべての材料を入れて
　練り混ぜる。全体が混ざり、白っぽくなったら10
　等分にし、直径4cmの丸形に成形する。オーブン
　を200℃に予熱する。

4　天板にオーブンペーパーを敷き、**3**とミニトマトを
　並べる。8〜10分、肉に火が通るまで焼く。

すぐできる ## アボカドと紫玉ねぎのあえもの

火を使わず、あえるだけの簡単おかず。

材料（作りやすい分量）

紫玉ねぎのみじん切り　1/3個分（70g）
アボカド　1/2個（90g）
レモン汁　大さじ1
粒マスタード　大さじ1½
チリパウダー　少々

作り方

1　紫玉ねぎは水に約5分さらしてざるにあけ、水け
　をしっかり絞る。アボカドは1.5cm角に切ってレ
　モン汁をからめる。

2　**1**をボウルに入れて混ぜ、粒マスタードを加えてあ
　え、チリパウダーをふる。

作り置き ## にんじんクミンきんぴら　（P123）

白身魚の香味じょうゆ弁当

甘じょっぱいたれのしみたご飯もまたおいしい。

白身魚の香味じょうゆ

カリッと揚げた魚に具だくさんのたれが美味。

材料（2人分）

白身魚（いさき、鯛など）の切り身
　　大2切れ（200g）
片栗粉　適量
揚げ油　適量
香味じょうゆ
　　長ねぎのみじん切り　8cm分
　　しょうがのみじん切り　½かけ分
　　にんにくのみじん切り　1片分
　　赤とうがらしの小口切り　少々
　　しょうゆ　大さじ2
　　砂糖　大さじ1½
　　酒　大さじ1⅓
　　米油　大さじ1弱
　　塩　小さじ⅓

作り方

1　白身魚は一口大に切る。片栗粉を薄くまぶす。
2　揚げ油を中温（170℃）に熱し、**1**を入れて表面が
　カラリとするまで揚げる。揚げ上がりに強火にし、
　さらにカリッとしたら、取り出して油をきる。
3　香味じょうゆの材料を混ぜ合わせ、フライパンに
　入れる。中火にかけて煮立ったら、**2**を入れてから
　める。

> 香味じょうゆはアレンジ
> 可能なので多めに作っても。
> 2～3週間保存可能。

ゆりねのしょうがクリーム

電子レンジだけでできる、超簡単レシピ。

材料（作りやすい分量）

ゆりね　70g
A　おろししょうが　½かけ分
　　生クリーム　大さじ1
　　バター　10g
　　オイスターソース　大さじ½
　　砂糖　小さじ½

作り方

1　ゆりねは1枚ずつはがすようにしてバラバラにする。
2　Aを耐熱ボウルに入れて混ぜる。**1**を加えてふんわ
　りとラップをかけ、電子レンジで約3分加熱する。
　取り出して混ぜ合わせる。

赤かぶの腐乳あえ　（P122）

すぐできる

作り置き

メイン

39

鮭と豆腐のそぼろ丼弁当

豆腐の水分をよくきってホロホロさせるのがポイントです。

メイン　鮭と豆腐のそぼろ

ご飯とよく混ぜて食べるとおいしい。

材料（2人分）

生鮭　大1切れ（100g）
木綿豆腐　⅓丁（100g）
れんこん　60g
煮汁
　しょうがのみじん切り　½かけ分
　だし汁　½カップ
　酒　大さじ1
　しょうゆ　大さじ½
水溶き片栗粉
　片栗粉　小さじ1
　水　小さじ1

作り方

1　鮭は皮を除き、熱湯でさっとゆでて取り出し、ペーパータオルで水けを拭く。豆腐は厚手のペーパータオルに包んで耐熱ボウルに入れ、電子レンジで約1分加熱し、水けをきる。れんこんは小さめの一口大に切る。

2　煮汁の材料をフライパンに入れて、中火にかける。煮立ったられんこんを入れて煮る。れんこんに火が通ったら、鮭を手で粗くほぐして加え、豆腐も崩して加える。再び煮立ったら水溶き片栗粉を加えてとろみをつける。ご飯にのせて食べる。

すぐできる　パクチー卵焼き

やわらかめに仕上げるのがご飯に合うコツ。

材料（作りやすい分量）

卵　2個
パクチーのみじん切り　10g
ナンプラー　小さじ½
シーズニングソース　小さじ½
オリーブオイル　大さじ1

作り方

1　ボウルに卵を割り入れ、ナンプラー、シーズニングソースを加えて菜箸でしっかり混ぜる。パクチーも加えてさっと混ぜる。

2　小さめのフライパンにオリーブオイルを強火で熱し、**1**を注ぎ入れる。菜箸で大きく混ぜてフライパンの奥に寄せ、焼き固まったら上下を返し、同様に焼く。取り出して食べやすく切る。

作り置き　にんじんクミンきんぴら　P123

作り置き

すぐできる

メイン

メイン

すぐできる

作り置き

40 ささ身のフライ弁当

甘じょっぱいてりたれがささ身とぴったり。

メイン ## ささ身のフライ

カリッとフライのコツは少ない油で揚げ焼きを。

> フライパンの底にささ身が
> つくくらい少ない量の油で、
> 時々返しながら
> 全面こんがりと揚げよう。

材料（2人分）

鶏ささ身　大3本（200g）
衣
　溶き卵　1個分
　小麦粉　適量
　パン粉（あれば細びきのもの）　適量
揚げ油　適量
合わせ調味料
　てりたれ（→P127）　大さじ2
　中濃ソース　大さじ1

作り方

1 ささ身は斜め半分に切る。衣を小麦粉、溶き卵、パン粉の順に全体につける。

2 フライパンに揚げ油を1cm深さに入れて中火で熱し、**1**を入れて揚げ焼きにする。こんがりと色づいたら上下を返し、同様にする。取り出して油をきる。

3 フライパンの油を捨て、合わせ調味料を入れて弱火にかける。ぐつぐつと煮立ったら**2**を入れてさっとからめる。

すぐできる ## いちじくのサラダ

ピリッとした辛みがアクセント。

材料（作りやすい分量）

いちじく　小2個
紫玉ねぎ　½個（40g）
オリーブオイル　小さじ1
塩　少々
チリペッパー　少々

作り方

1 紫玉ねぎは縦薄切りにして約5分水にさらし、水けを絞る。いちじくは四つ割りにする。

2 **1**をボウルに入れてオリーブオイルを加えてあえる。塩、チリペッパーをふる。

作り置き ## ずいきナムル　（P124）

41

牡蠣の味噌クリーム弁当

冬が旬の牡蠣弁当でパワーチャージ。

メイン 牡蠣の味噌クリーム

牡蠣のうまみが味噌クリームの中で泳ぎ出す。

材料（2人分）

牡蠣（加熱用） 6個
まいたけ ⅓パック（35g）
小麦粉 適量
米油 少々
バター 20g
A 生クリーム 大さじ2
　レモン汁 大さじ1
　味噌 小さじ1
あればフェンネルの葉 適量

作り方

1 まいたけはほぐす。牡蠣に小麦粉を薄くまぶす。

2 フライパンに米油を中火で熱し、まいたけを焼く。しんなりしたらいったん取り出す。

3 続けて、フライパンにバターを中火で溶かして牡蠣を焼く。ぷっくりと膨らんだら、Aを加えて煮立て、まいたけを戻し入れ、手早くからめる。フェンネルを散らす。

すぐできる 大根とセロリのサラダ

シンプルな味つけで素材の味を引き出そう。

材料（作りやすい分量）

セロリ 1本
大根 5cm
藻塩 小さじ¼
オリーブオイル 小さじ1

作り方

1 セロリは斜め薄切りにする。大根は縦半分に切って薄い半月切りにする。

2 1をボウルに入れて塩をふってもみ、水けを絞る。オリーブオイルを加えてあえる。

作り置き ひじきと長ねぎの炒め煮 （P124）

作り置き

すぐできる

メイン

42

白身魚の春雨炒め弁当

魚をしっかり揚げると味がよくしみ込む。

メイン 白身魚の春雨炒め

春雨が味を含んで白身魚によくからむ。

材料（2人分）

白身魚（鯛、かんぱちなど）の切り身
　　大2切れ（200g）
春雨（乾燥）　15g
長ねぎ　¼本（25g）
片栗粉　適量
揚げ油　適量
米油　大さじ½
しょうがのみじん切り　大½かけ分（10g）
A　ピーナッツバター　大さじ1½
　　オイスターソース　大さじ½
　　砂糖　大さじ½
　　みりん　大さじ½
　　ビンダルーペースト　小さじ½
　　しょうゆ　小さじ½
　　水　¼カップ

作り方

1　春雨は袋の表示どおりに湯につけて戻し、食べやすい長さに切る。長ねぎは縦半分に切って、斜め薄切りにする。白身魚は一口大に切って、片栗粉を薄くまぶす。

2　揚げ油を中温（170℃）に熱し、**1**の白身魚を入れて表面がきつね色になるまで揚げる。揚げ上がりに強火にし、さらにカリッとしたら、取り出して油をきる。

3　フライパンに米油を中火で熱し、しょうがを入れて炒める。香りが立ったら、Aを加えて煮立てる。長ねぎと春雨の湯をきって加え、炒め煮にする。全体がなじんだら、**2**を加えてからめる。好みでパクチーの葉を散らす。

すぐできる 小松菜のしょうが炒め

しょうがの味をしっかりきかせて。

材料（作りやすい分量）

小松菜　½わ
米油　大さじ½
A　しょうがの搾り汁　小さじ½
　　しょうゆ　小さじ1

作り方

1　小松菜は4〜5cm長さに切る。

2　フライパンに米油を入れて中火で熱し、小松菜を入れて炒める。しんなりしたらAを加えてさっと炒め合わせる。

作り置き 甘酢ごぼう P123

作り置き

すぐできる

メイン

冬の作り置き

△

高野豆腐の
オランダ煮

ぷるっとした中にうまみを
たっぷり閉じ込める。

材 料（作りやすい分量）

高野豆腐　3個
片栗粉　適量
揚げ油　適量
煮汁
　だし汁　350ml　　しょうゆ　50ml
　みりん　50ml　　砂糖　大さじ1½

作り方

1　高野豆腐は50℃の湯に約10分つけて戻し、
　一口大に切る（形は好みでよい）。水けを絞り、
　片栗粉を薄くまぶす。
2　揚げ油を低温（160℃）に熱し、**1**を入れて揚
　げる。表面がカリカリとし、薄く色づいたら取
　り出し、油をきる。
3　鍋に煮汁の材料を入れて中火で熱し、沸騰し
　たら**2**を入れる。煮汁がほとんどなくなるまで
　煮る。

約4日間 保存可能

△

赤かぶの
腐乳あえ

弁当に腐乳のあえもの？ 大丈夫。
一度やったらやみつきに。

材 料（作りやすい分量）

赤かぶ　3個（300g）
藻塩　小さじ½
腐乳　15g
米油　小さじ1

作り方

1　赤かぶは縦半分に切って、横薄切りにする。
　藻塩を加えてもみ、水けをしっかり絞る。
2　ボウルに腐乳、米油を入れてよく混ぜ、**1**を加
　えてあえる。

約3日間 保存可能

△

△

にんじんクミン
きんぴら

揚げて甘みが増したにんじんと
スパイスのいい関係。

材料（作りやすい分量）

にんじん（あれば間引きの細いものや、長にんじん）
150g

揚げ油　適量　　カレー粉　大さじ½

米油　大さじ1　　しょうゆ　大さじ½

クミンシード　大さじ½

砂糖　大さじ1

作り方

1 にんじんは太ければ1.5cm四方のスティック
状に切る。揚げ油を低温（160℃）に熱し、に
んじんを入れてじっくり揚げる。にんじんがし
んなりし、竹串を刺してみてすーっと通るよう
になったら、取り出して油をきる。

2 フライパンに米油、クミンを入れて中火にかけ
る。香りが立ったら弱火にし、砂糖、カレー粉
を加えて混ぜ、砂糖が溶けたら火を止める。
水大さじ1、しょうゆを加えて混ぜ、あめ状に
なったら弱火にかける。1を加えてからめる。

約 7日間 保存可能

甘酢ごぼう

二度揚げしてから漬けると
味がよくしみ込みます。

材料（作りやすい分量）

ごぼう　1本（200g）

甘酢ソース（→P129）　½カップ

揚げ油　適量

作り方

1 ごぼうは縦半分に切って、5cm長さに切る。
甘酢ソースを保存容器に入れる。

2 揚げ油を中温（170℃）に熱し、ごぼうを入れ
て揚げ、しんなりしたらいったん取り出す。約
1分おいて、再び揚げ油を高温（180℃）に熱
し、ごぼうを入れてさっと揚げる。カラリとし
たら取り出して油をきり、熱いうちに甘酢ソー
スに漬ける。

約 4日間 保存可能

ずいきナムル

栄養満点の乾物は
常備しておくと便利です。

材料（作りやすい分量）

ずいき（乾燥）　25g
米油　大さじ1
赤とうがらし（種を除いたもの）　1本
A　砂糖　大さじ1⅓
　　しょうゆ　小さじ2
　　ごま油　小さじ½

作り方

1　ずいきはさっと洗って、ぬるま湯に約10分ひ
　　たし、もみ洗いする。熱湯で約2分ゆでて冷
　　水にさらし、再びもみ洗いして水けを絞る。食
　　べやすい長さに切る。
2　フライパンに米油と赤とうがらしを入れ、中火
　　にかける。香りが立ったら**1**を入れて炒める。
　　油がまわったらAを加え、汁けがなくなるまで
　　炒め煮にする。

約6日間 保存可能

ひじきと長ねぎの 炒め煮

水分をとばして
炒めながら煮るとおいしい。

材料（作りやすい分量）

芽ひじき（乾燥）　30g
長ねぎのみじん切り　1本分
ごま油　大さじ1
A　酒　¼カップ
　　しょうゆ　大さじ2強
　　ごま油　小さじ1

作り方

1　ひじきは袋の表示どおりに水で戻し、ざるにあ
　　けて水けをきる。
2　フライパンにごま油を中火で熱し、長ねぎを加
　　えて炒める。油がまわったら、ひじきを加えて
　　炒め合わせ、Aを加える。汁けがほとんどなく
　　なるまで炒め煮にする。

約7日間 保存可能

chioben
オリジナル調味料

chiobenでは長期保存ができるオリジナルの調味料をよく使っています。
昔から作り続けている調味料もあれば、食材が余った時に
もったいない精神で作った調味料もあります。
調味料はそのまま使ったり、油でのばしたり、他の調味料と混ぜたり。
加えることで味が決まりやすく、深みが出て面白い味になるのでぜひ。

きのこペースト

カリッカリに揚げたきのこの
こうばしさと風味がいい。

材 料（作りやすい分量）

しめじ　大2パック（300g）
なめこ　½袋（50g）
揚げ油　適量
サラダ油　大さじ2
しょうゆ　小さじ2

作り方

1　しめじはほぐす。揚げ油を低温（160℃）に熱し、しめじを入れて揚げる。きつね色に近づいたらペーパータオルに取り出し、油をきる。なめこは熱湯でさっとゆで、ざるにあけて水にとって冷まし、水けをきる。
2　フードプロセッサーに**1**、サラダ油、しょうゆを入れ、なめらかになるまで攪拌する。

冷蔵で約7日間、冷凍で約2カ月間 保存可能

てりたれ

味が決まりやすく、
素材がまとまります。

材料（作りやすい分量）

みりん　1カップ
酒　1カップ
しょうゆ　½カップ
砂糖　大さじ5

作り方

1　みりんと酒を鍋に入れ、中火にかけて煮立てる。
2　しょうゆと砂糖を加え、さらに約15分混ぜながら
　煮詰める。とろみがついて水あめ状になったら火
　を止める。

冷蔵で約 6カ月間 保存可能

実山椒ソース

さわやかな山椒が香り、
目立つ味に。

材料（作りやすい分量）

実山椒の水煮　100g
米油　大さじ2強
薄口しょうゆ　小さじ5

作り方

実山椒をすり鉢に入れてすり、細かくなったら、他の
材料も加えてよくすり混ぜる。

＊実山椒の水煮は、山椒の実を塩ゆでしたもの。生の山
椒は5〜6月が旬なので、その時期に塩ゆでしておき、冷
凍しておくとよい。

冷蔵で約 14日間、冷凍で約 2カ月間 保存可能

バンバンジーソース

ごまの代わりにきな粉を使うと、
さっぱりしたソースになります。

材料（作りやすい分量）

きな粉　80g
砂糖　大さじ2
酢　小さじ5
しょうゆ　大さじ2
みりん　大さじ1強
ごま油　大さじ1⅓
豆板醤　小さじ⅓

作り方

1. ボウルにきな粉と砂糖を入れ、ゴムべらで混ぜる。酢、しょうゆ、みりんを加えて、泡立て器でしっかり混ぜ合わせる。
2. ごま油、豆板醤を加え、ゴムべらに持ちかえて全体がなめらかになるまで練り混ぜる。

冷蔵で約 14日間 保存可能

海老醤

野菜炒めや春巻の味が深まる、
chioben流 XO醤。

材料（作りやすい分量）

干しえび　50g　　カルパス（サラミ）　80g
にんにく　2片　　ボイル帆立　250g
しょうが　2かけ　　ごま油　大さじ1＋¼カップ
長ねぎ　120g

作り方

1. 干しえびはかぶるくらいの水を加え、一晩おいて戻す。戻し汁は取りおく。
2. にんにく、しょうが、長ねぎ、カルパス、干しえびはそれぞれみじん切りにする。帆立は粗く刻む。
3. 鍋にごま油大さじ1を中火で熱し、にんにくとしょうがを炒める。香りが立ったら長ねぎとカルパスを加え、さらに炒める。全体がしんなりしたら帆立と干しえび、干しえびの戻し汁1½カップ（戻し汁が少ないときは水を足す）を加え、汁けがほとんどなくなるまで煮る。
4. 鍋に食材がこびりついてきたらごま油¼カップを回し入れ、こびりついたものを木べらではがしながらしっかり混ぜる。全体に油がまわったら火を止め、粗熱をとる。
5. フードプロセッサーに入れて、約10秒攪拌する。

冷蔵で約 14日間、冷凍で約 3カ月間 保存可能

甘酢ソース

ちょっと酸味を足したい時に便利、
どんな料理にも合います。

材 料（作りやすい分量）

みりん　1カップ
砂糖　大さじ1
酢　¾カップ
塩　小さじ1

作り方

1 鍋にみりんと砂糖を入れ、中火にかける。半量に
なるまで煮詰めて火を止める。

2 酢と塩を加えて混ぜ、再び中火にかける。とろみ
がつき、水あめ状になったら火を止める。

冷蔵で約 2カ月間 保存可能

パプリカペースト

大好きな焼きパプリカをアレンジ、
独特の風味です。

材 料（作りやすい分量）

赤パプリカ　1個
にんにく（薄皮つき）　1個（40g）
ドライトマト　7枚（25g）
アーモンド（無塩）　25粒（20g）
オリーブオイル　⅓カップ
カイエンヌペッパー　少々

作り方

1 にんにくは皮つきのまま切らずにアルミホイルで包
む。ドライトマトは粗く刻む。

2 1のにんにくと、赤パプリカを丸のまま、オーブン
の天板にのせる。200℃のオーブン（予熱はしなく
てよい）に入れ、パプリカの皮が黒く焦げるまで約
35分焼く。パプリカは冷水にとって皮をむき、種
を除く。にんにくは皮をむく。

3 フライパンにアーモンドを入れて中火にかけ、から
炒りしてこうばしい香りが立ったら取り出す。

4 材料をすべてフードプロセッサーに入れ、なめら
かになるまで攪拌する。

冷蔵で約 7日間 保存可能

あとがき

前回の本が出たあとに「本を買ってナムルを作ってみたのだけど、同じにできなかった」と言われた。

ナムルは簡単だけど「炒めものにしないために、底の厚い鍋で、ある程度の量を作らないとうまくいかない」というポイントがあって、通りいっぺんの書き方では伝えきれないのだなと反省した。でも、続けて彼女は「2回目作った時も、やっぱり同じじゃないけどおいしくできた」と言った。

私の短いレシピと食べた時の味を頼りに、作ったナムルの完成の一番の拠り所となったのが「好きな味」もしくは「家の味」だったのではと思い、私の拙い部分を棚に上げ、いい話だなと思った。

この本が無責任であってはならないと思いつつ、繰り返し作ることで生まれてくる皆さんのイメージや可能性が、皆さんのものでありますように、と心から思います。

最後に大好きな写真家の間部百合さん、デザインを担当してくれた山野英之さん率いるTAKAIYAMA inc.の方々、いつも的確にわかっていてくれるライターの上條桂子さん、一緒に本を作りましょうと声をかけて実現させてくれたKADOKAWAの中野さなえさん、ほんとうにありがとうございました。

2017年ももうすぐ終わりの暖かい冬の日に

chioben　山本千織

山本千織

料理人。北海道生まれ。美大を卒業後、さまざまな飲食店で料理を手がけ、妹が経営する札幌の「ごはんや はるや」に12年間関わる。上京後、2011年に東京・代々木上原で弁当販売店「chioben（チオベン）」を開業。見た目と味の意外性、定番の春巻やたこめしの安定感で、一度食べたら忘れられないと評判に。現在は、撮影現場への弁当の仕出し、ケータリング、雑誌や広告へのレシピ掲載、イベント出店など幅広い場面で活躍している。著書に『チオベン 見たことのない味 チオベンのお弁当』（マガジンハウス）、『chioben flip cook book vol.1』（自費出版）がある。

撮　　影　　間部百合
ブックデザイン　TAKAIYAMA inc.
校　　正　　根津桂子、新居智子
編　　集　　上條桂子

チオベンの弁当本

2018年3月1日　初版発行

著　者　　山本 千織
発行者　　川金 正法
発　行　　株式会社KADOKAWA
　　　　　〒102-8177　東京都千代田区富士見2-13-3
　　　　　電話 0570-002-301（ナビダイヤル）
印刷所　　凸版印刷株式会社

KADOKAWA カスタマーサポート
［電　話］ 0570-002-301（土日祝日を除く11時〜17時）
［WEB］ http://www.kadokawa.co.jp/（「お問い合わせ」へお進みください）
※製造不良品につきましては上記窓口にて承ります。
※記述・収録内容を超えるご質問にはお答えできない場合があります。
※サポートは日本国内に限らせていただきます。

定価はカバーに表示してあります。